丛书系国家社科基金重大招标项目《以"两个结合"继续推进马克思主义中国化时代化研究》(项目编号:23ZDA006)阶段性成果

中山大学中共党史党建研究院
理解和推进"第二个结合"丛书
张浩 主编

读懂 天下为公

罗嗣亮／著

人民日报出版社
北京

图书在版编目（CIP）数据

读懂天下为公 / 罗嗣亮著；张浩主编 . -- 北京：人民日报出版社, 2024. 10. -- ISBN 978-7-5115-8440-3

Ⅰ . D262.3

中国国家版本馆 CIP 数据核字第 2024SC8947 号

书　　名：	读懂天下为公
	DUDONG TIANXIAWEIGONG
著　　者：	罗嗣亮
主　　编：	张　浩
出 版 人：	刘华新
策 划 人：	欧阳辉
责任编辑：	毕春月　刘思捷
装帧设计：	新成博创 XIN CHENG BO CHUANG
出版发行：	人民日报出版社
社　　址：	北京金台西路 2 号
邮政编码：	100733
发行热线：	（010）65369509　65369527　65369846　65363528
邮购热线：	（010）65363531　65363527
编辑热线：	（010）65369521
网　　址：	www.peopledailypress.com
经　　销：	新华书店
印　　刷：	北京盛通印刷股份有限公司
法律顾问：	北京科宇律师事务所　（010）83622312
开　　本：	710mm×1000mm　　1/16
字　　数：	172 千字
印　　张：	14.75
版次印次：	2024 年 10 月第 1 版　2024 年 10 月第 1 次印刷
书　　号：	ISBN 978-7-5115-8440-3
定　　价：	49.80 元

如有印装质量问题，请与本社调换，电话：（010）65369463

理解和推进"第二个结合"丛书编委会

策　划：刘志明

主　编：张　浩

编　委（按丛书顺序）：

罗嗣亮　陶　颖　吴之声　何　旗　吴　瑞　余　斌

黄越泓　骆红旭　贾　茹　邓菀莛　姚丽梅　罗　楠

总　序

读懂"第二个结合"

在庆祝中国共产党成立100周年大会上，习近平总书记首次提出马克思主义基本原理同中国具体实际相结合、同中华优秀传统文化相结合的重大论断。在党的二十大报告中，习近平总书记对"两个结合"进行了深刻阐述："中华优秀传统文化源远流长、博大精深，是中华文明的智慧结晶，其中蕴含的天下为公、民为邦本、为政以德、革故鼎新、任人唯贤、天人合一、自强不息、厚德载物、讲信修睦、亲仁善邻等，是中国人民在长期生产生活中积累的宇宙观、天下观、社会观、道德观的重要体现，同科学社会主义价值观主张具有高度契合性。"在2023年6月2日召开的文化传承发展座谈会上，习近平总书记再次论及"两个结合"，特别对"第二个结合"进行了充分论述，阐明了马克思主义基本原理同中华优秀传统文化相结合的内在机理，即彼此契合、互相成就，揭示了马克思主义基本原理同中华优秀传统文化相结合对于筑牢道路根基、打开创新空间、巩固文化主体性方面具有重大意义。习近平总书记还强调，

"第二个结合"是又一次的思想解放，是中国共产党对马克思主义中国化时代化历史经验的深刻总结，表明了党在传承中华优秀传统文化中推进文化创新的自觉性达到了新高度。

马克思主义基本原理同中华优秀传统文化相结合的根本原因在于二者的契合性

产生于不同社会环境下的两种思想文化，要想达到相互适应、相互融合的和谐统一状态，彼此之间必须具有高度的契合性，这是促使两种文化有机结合进而造就一个新的文化生命体的根本原因。习近平总书记在文化传承发展座谈会上强调："马克思主义和中华优秀传统文化来源不同，但彼此存在高度的契合性。"这种内在契合性可以体现在宇宙观、社会观、价值观、方法论等方面。

其一，宇宙观的契合性。宇宙观，又可以称为世界观，是人们对于客观存在的物质世界到底是什么以及如何认识客观物质世界的总的看法和根本观点。马克思主义世界观主要指对自然界、人类社会以及人与自然关系的整体看法，是指导人们认识和探索宇宙世界的思想指南。在对自然界的认识上，马克思主义强调自然规律的客观性，认为人类来自自然界，与自然界有着天然的和谐关系，即"人本身是自然界的产物，是在自己所处的环境中并且和这个环境一起发展起来的"[①]。在对物质存在方式的认识上，马克思主义认为，要从物质运动的表现形式出发来认识客观世界，指出："一切存在的基

[①]《马克思恩格斯选集》第3卷，人民出版社2012年版，第410页。

本形式是空间和时间，时间以外的存在像空间以外的存在一样，是非常荒诞的事情。"[1] 马克思主义的自然观和时空观作为世界观的重要组成部分，是马克思主义世界观的思想坐标，是考察人类社会发展规律的理论基础，也是从实际出发考察国家现实发展的思想根据。基于此，坚持一切以时间、地点和条件为转移的方法论成为将马克思主义基本原理应用于具体社会实践的逻辑前提，也为能够同中华优秀传统文化相结合提供了内在根据。

中华优秀传统文化的宇宙观，以"天人合一"为思想内涵，以中国人认识世界和改造世界的时空观为逻辑起点，是世界观借以中国语言的特殊表达。关于对自然的看法，中华优秀传统文化崇尚"天人之际，合而为一"的境界，阐述了"天道"和"人道"的相互关系，提出了人们应当恪守的行为准则。具体而言，"天道"即天地之间万事万物运行的客观规律，"人道"即在人类社会中规范人们行为方式的道德准则和精神品质以及人类社会发展运动的客观规律。二者的关系为"天地与我并生，而万物与我为一"，即人不仅属于自然界的一部分，其本身还需要通过修身养性以达到与自然界和谐统一的境界。对时空的看法，源于对"宇宙"的考察。"宇宙"一词，可追溯至《庄子·齐物论》："奚旁日月，挟宇宙？"《经典释文》引《尸子》之言道："天地四方曰宇，往古来今曰宙。"这表明，"宇宙"作为表述时空的概念，已经为人们所用，其中，"天地四方""往古来今"即是对"时空"的中国话语表达。此外，郭象注《庄子·庚桑楚》提道："宇者，有四方上下，而四方上下未有

---

[1]《马克思恩格斯文集》第9卷，人民出版社2009年版，第56页。

穷处；宙者，有古今之长，而古今之长无极。"可以看出，中国古人对于"宇宙"的探索已经达到新的境界，即道出了空间存在的现实性、时间交替的继起性以及时间和空间发展的无限性。这些观点都与马克思主义的时空观高度契合，为同马克思主义基本原理相结合准备了思想条件。

其二，社会观的契合性。社会观指的是关于社会中的人类活动、社会发展的动力因素以及社会发展的趋势方向的整体看法。马克思主义社会观从"现实的人"出发，考察人类社会的实践活动，提出人类社会发展的终极目标和最高理想。在科学实践的基础上，马克思主义社会观以人类社会或社会的人类为出发点和立足点，对人类社会发展动力展开考察，认为人民群众的整体诉求和行动轨迹代表社会发展的方向，是推动社会变革发展的决定力量。由此，在推动社会变革发展的具体实践中，要坚持把人民群众放在至高无上的地位，发挥人民群众改造现存社会、追求理想社会的强大力量。关于理想社会，马克思主义提出人类社会的发展趋势为共产主义社会，即每个人的自由全面发展的美好社会。在这个理想社会中，社会生产力高度发展、物质资料极大丰富、旧式分工彻底消除、阶级对立和剥削压迫彻底消亡、生产资料实现公有，社会关系高度和谐，全体社会成员得到自由全面发展。到那时，全人类有着共同的利益基础，社会成为"真正的共同体"，人们真正摆脱了"人的依赖关系"和"物的依赖关系"，真正实现了每个人的"自由发展"。

中华优秀传统文化的社会观，基于"天下观"的基本理念，倡导"以民为本"的重要思想，将"大同"作为社会发展的终极目标，体现了中国人民家国同构的情怀伦理和对美好社会的向往追求。中华优秀传统文化视黎民百姓为国家根本,其中所蕴含的"民为邦本"思想由来已久。《尚书》载:"民惟邦本,本固邦宁。"《孟子·尽心下》提出:"民为贵,社稷次之,君为轻。"《荀子·哀公》提出:"君者舟也,庶人者水也。水则载舟,水则覆舟。"中华优秀传统文化强调对"民"的重视,并将其丰富和拓展成为中华民族宝贵的精神财富,在一定意义上也成为栽培马克思主义"人民至上"观念的思想土壤。关于未来社会构想,《礼记·礼运》提出的"大道之行也,天下为公"以及对大同社会的描绘,道出中华民族对美好社会的千年夙愿。其中,关于大同社会"矜寡孤独废疾者皆有所养""货恶其弃于地也,不必藏于己;力恶其不出于身也,不必为己"等的描述,实际上体现了人们对于物质资料丰富充裕和社会公有制的追求,这也与共产主义的理想追求有着共通之处,增强了中华民族对马克思主义的认同感。"任人唯贤"出自《尚书·咸有一德》,体现的是重视人才,唯贤是举。马克思主义在确认人民群众在社会历史发展中的主体作用的同时,并不否认少数英雄人物起到的关键作用,这与中华优秀传统文化具有契合性。"为政以德"出自《论语·为政》,"为政以德,譬如北辰,居其所而众星共之",讲的是统治者和官员要有道德操守,在重视个人品德、遵守政治规则的同时,尽力施行仁政,体现的是正身爱民的思想。"为政以德"是"民为邦本"思想的延伸和在政治上的表现,与"民为贵,社稷次之,君为轻"是相通的,同马克思主义的群众观点和群众路线也是相通的。"讲信修睦"最早出自《礼记·礼运》,核心含义是人与人之间、国与国之间要讲究信用，谋求和睦，强调信用与和睦，涉及人际关系乃至团体、群体的互相交往层面。"亲仁善邻"出自《左传·隐公六年》，"亲仁善邻，国之宝也"，讲的是国家民族间要和平相处，不以邻为壑，这也与中华文明的和平性相一致。"革故鼎新"源于《周易》的《革卦》与《鼎卦》，后世将其合二为一作为成语，意指改变社会上陈旧的、不合时宜的旧事物、旧制度，革除违背世道人心的不良因素，荡涤阻碍历史潮流的瑕秽污渍，它与马克思主义所讲的社会革命思想观点相契合。总之，中华优秀传统文化的社会观中关于人民主体力量和未来理想社会的思想与马克思主义社会观高度契合，为二者有机结合奠定了观念基础。

其三，价值观的契合性。价值观，是人们对于是非曲直的认知、判断和选择，体现着人们对于某种精神境界的追求和向往。马克思主义价值观，坚持以人的自由全面发展为核心目标和最高价值，以个人与社会的辩证统一为基本原则和实践遵循，旨在为绝大多数人谋利益，追求真正的普遍的共同利益。马克思、恩格斯在阐明"人的本质"和"社会关系"的基础上，提出个人与社会关系。立足于"人的本质在于其社会性"的观点，马克思主义认为，个人是社会的一部分，个人应该承担起推动社会发展的责任，个人离开了社会就无法生存。基于此，马克思主义提出集体主义的价值观念和道德原则，认为个人只有实现其社会价值才能实现其个人价值。此外，马克思、恩格斯还进一步指出，在共产主义社会，个人利益与社会利益高度一致，个人在维护社会利益的同时，社会也在保障个人利益，即"每个人的自由发展是一切人的自由发展的条件"[①]。马克思主义这种基于人的本质立场的集体主义价值观念和核心目标,为其同中华优秀传统文化深度融合开拓了道路。

中华优秀传统文化的价值观,有明显的集体主义情感倾向,强调群体高于个体。在宗法制的影响下,古代中国强调个人要遵循社会秩序和等级分配,通过"克己"达到"复礼",以维护封建统治。具体而言,"仁"的价值观念要求人们与人为善,尊重他人,对他人负责;"义"的价值观念要求人们对他人和社会公共利益作出贡献;"礼"的价值观念要求人们遵循社会礼仪,维护社会秩序和规范。中华文明强调的"自强不息",出自《周易·乾卦·大象传》,"天行健,君子以自强不息",意指一个人要有志向,要奋斗上进。"厚德载物"一词,出自《周易·坤卦·大象传》中的"地势坤,君子以厚德载物",指的是人作为天地之间的个体,应当取法于大地,不以个人得失为意,包容万物和他人。从国家层面来看,中华优秀传统文化提倡"苟利国家生死以,岂因祸福避趋之"的家国情怀和"修身、齐家、治国、平天下"的道德追求,认为只有融入社会、忠君报国才是有高尚品德的"君子"。以上种种都体现了中华优秀传统文化对个人的道德要求和行为准则,是中华优秀传统文化价值观的具体彰显。概言之,无论是马克思主义关于人的社会本质和集体主义价值观的思想,还是中华优秀传统文化所讲的个人要遵循社会秩序的观念,都强调个人价值的实现要以社会价值的实现为前提,都认为个人要对社会和集体付出并作出贡献,这鲜明体现了马克思主义

---

① 《马克思恩格斯文集》第2卷,人民出版社2009年版,第53页。

基本原理同中华优秀传统文化在价值观上的高度契合。

其四，方法论的契合性。方法论，是指导人们认识和改造世界、对人们的思维和行为方式产生影响的系统理论。马克思主义方法论，即唯物辩证法，要求人们不仅要从客观现实出发，通过理性思维来认识客观世界，而且要遵循客观规律，发挥人的主观能动性，通过具体实践去改造客观世界。从马克思主义理论的发展历程来看，这一科学理论生成发展的每一步都与实践紧密相连，它从实践中产生，在实践中发展，又反作用于实践并推动新的实践。从马克思主义哲学的任务要求来看，这一哲学思想特别重视实践的重要作用，强调哲学的任务不仅是要改变人们的思维方式、帮助人们理性认识世界，更是要基于此指导人们改变世界。它阐明了实践是全部社会生活的本质的观念，启发人们在社会实践活动中应用科学理论认识。这不仅为人们提高理性认识提供了方法指南，也为无产阶级进行革命斗争提供了实践工具。更重要的是，这种理论和实践相结合的方法论也为马克思主义中国化准备了思想条件和理论前提。

中华优秀传统文化的方法论，以"行"为核心范畴，通过论述"行"与"知"、"行"与"言"、"行"与"学"等的关系，提出"知行合一""言行合一""学至于行"的观念主张。关于"知行合一"的方法论，王阳明主张"尽天下之学无有不行而可以言学者，则学之始固已即是行矣"，大意是知识、道理和学问需要通过行为实践才能获得，并强调格物致知、知行合一，这实际上与马克思主义"一切从实际出发"是高度契合的。关于"言行合一"的方法论，《论语·宪问》有曰，"君子耻其言而过其行"，提倡人们说话行动要一致，不能纸上谈兵。孔子还提出了考察人的品行的方法论，认为一个人的实际行动是评判其言语和道德的标准，即"听其言而观其行"。这两个观点实际上与马克思主义"实践是检验真理的唯一标准"有相似之处。关于"学至于行"的方法论，《荀子·儒效》讲道，"不闻不若闻之，闻之不若见之，见之不若知之，知之不若行之。学至于行而止矣"，即认为听到、见到和了解到都不如自己去实际行动所收获到的，只有真正行动了，知识和学问才真正实现了其价值。从本质上看，这种"学至于行"的求知方法与"实践是认识的目的和归宿"的方法论有着契合之处。

马克思主义基本原理同中华优秀传统文化相结合实质上是一场深刻的"化学反应"

马克思主义基本原理同中华优秀传统文化二者相互契合才能有机结合。那么，二者结合的实质到底是什么？对此，习近平总书记指出："'结合'不是'拼盘'，不是简单的'物理反应'，而是深刻的'化学反应'，造就了一个有机统一的新的文化生命体。"[①] 这一重要论述深刻揭示了"第二个结合"的实质过程和成果形态，明确指出了二者相遇会产生创造新价值、新思想、新事物的化学反应，同时意味着二者的结合既不是内容的机械拼盘，也不是话语和范畴的简单杂糅，更不是以中华优秀传统文化为主导把马克思主义儒学化，而是经过一次次碰撞、交流、会通而实现螺旋式上升后的有机融合、

---

① 习近平：《在文化传承发展座谈会上的讲话》，《求是》2023年第17期。

血肉相连，乃至基因重组，进而生成新的物质。

其一，深刻的"化学反应"创造了新的文化生命体。马克思主义基本原理同中华优秀传统文化相结合所产生的"化学反应"形态集中体现在二者结合的深度与质变特性上，意味着这种"结合"不仅仅是简单的数的相加或物理拼接，而是通过深入融合和相互作用发生了根本性的变化，形成了全新的文化形态，即"新的文化生命体"。这种新的文化生命体作为马克思主义基本原理同中华优秀传统文化相结合的产物，不仅融合了二者精髓，而且在中国式现代化道路中实现了对中华文明的文化再造和生命更新，为新时代中国特色社会主义文化建设和文艺繁荣不断注入生机与活力，也为中国式现代化不断提供精神力量。在这一新的文化生命体中，马克思主义理论始终具有指导地位，不仅提供了科学的世界观和方法论，而且与中国的历史与实践紧密结合，经过长期的适应、调整和创新，形成了符合中国国情的理论体系和实践路径。通过马克思主义真理之光激活中华文明基因，中华优秀传统文化的价值观、思想精华和人文精神经历了现代化的筛选、提炼和再创造，与马克思主义基本原理相融合，共同塑造了新的文化形态，即中国式现代化的文化形态。

从"结合"的过程来看，马克思主义基本原理同中华优秀传统文化的结合，是一个坚持守正创新且具有鲜明实践导向的过程，不仅代表了中华文明内在包容性、开拓性的发展要求，也代表了马克思主义理论的创新要求、实践要求，从而产生了马克思主义在中国具体的历史与文化中生根发芽、开花结果的必然结果。这一结合过程体现出二者双向互动的机制，即马克思主义的精髓不断激活中华优秀传统文化的根脉，使中华优秀传统文化在新的历史进程中实现创造性转化和创新性发展；同时，中华优秀传统文化的精华也不断充实马克思主义的魂脉，为马克思主义的发展提供丰厚土壤和源头活水。正是在强国建设和民族复兴的宏大叙事与实践支撑下，通过对马克思主义中国化时代化内在机理、深层规律以及中华优秀传统文化的突出特性在长期实践和理论积淀中的揭示，马克思主义基本原理同中国国情、中国历史、中国文化深度融合，马克思主义在中国的文化土壤中扎根，马克思主义基本原理同中国国情相结合的深度和广度不断拓展，马克思主义基本原理同中华优秀传统文化的价值目标和价值立场达成辩证统一。在这一过程中，马克思主义的主导地位不断明确，中华优秀传统文化的世界意义和时代价值不断彰显。正是通过马克思主义同中华优秀传统文化相互作用、相互影响、相互塑造的"化学反应"，形成了一个新的文化生命体，既体现了中华文明的深厚基础，也展现了马克思主义的科学性和真理性，推动了中国特色社会主义发展和中华民族现代文明建设。

从"结合"的结果来看，马克思主义基本原理同中华优秀传统文化相结合所产生的新的文化生命体的"果"，体现出其"化学反应"不是简单元素的相加，而是深层次的、质的转化，最终诞生了全新的文化形态。在这场"化学反应"中，两种文化的相遇并非平行线的简单交错，而是深度的互渗互融。马克思主义的科学理论与中国传统文化的精神精华相互作用，经过长期的相互影响、相互改造，最终形成了既不同于传统文化的纯粹形态，也不同于马克思主

读懂天下为公

义理论的原初形态，而是形成了一种新的、活的、具有中国特色的社会主义文化生命体。这一"化学反应"过程的特征，首先是选择性的融合。如同化学反应中的催化剂，特定的社会历史条件和实践需求促使这一融合过程选择性地吸收两种文化中最有益于中国社会发展的元素，去粗取精，去伪存真。其次是创造性的整合。不仅仅是物理层面的结合，更重要的是在思想深度和文化精神上的整合与创新，从而产生新的价值观念、思想理念和文化形态。最后是动态性的发展。它不是一次性完成的静态过程，而是随着社会实践的深入、时代需求的变化而持续进行的动态过程，这种文化生命体在不断的发展变化中更加成熟、充实、鲜活。因此，作为结合成果的新的文化生命体所体现的"化学反应"形态，正是在马克思主义的科学指导和中华优秀传统文化的精神滋养下，通过选择性融合、创造性整合和持续的动态性发展，形成的具有中国特色的社会主义文化。新的文化生命体不仅丰富了中国社会的文化景观，也为推进社会主义现代化建设、增强民族文化自信和促进人类文明进步提供了重要精神力量。

其二，深刻的"化学反应"开辟出中华民族现代文明建设之路。马克思主义基本原理同中华优秀传统文化相结合催生了新的文化生命体。这一新的文化生命体不仅重新定义了民族的精神面貌，也为中国式现代化奠定了文化根基。通过深刻的"化学反应"，马克思主义的科学理论与中华优秀传统文化的人文精神相互作用、相互渗透，共同构筑起中华民族现代文明的坚实基础，开辟出一条融合传统智慧与现代科学的现代文明建设之路。

一是重新定义了中华民族现代文明的精神面貌。马克思主义基本原理同中华优秀传统文化深层次、全方位的相互作用与渗透而形成的全新文化形态,对中华民族现代文明的精神面貌产生了深刻影响。马克思主义的科学理论提供了分析社会发展规律的工具,而中华优秀传统文化则赋予了民族精神深厚底蕴,二者的结合为中华民族现代文明提供了发展进程中所需的精神指引和文化自信。马克思主义关于人的自由和全面发展的观点,与中华优秀传统文化强调的和谐、中庸之道等价值观念的融合,形成了促进个人与社会、人与自然和谐共生的现代文明导向,不仅促进了社会的和谐稳定,也激发了个体的创造力和社会责任感,重新定义了中华民族现代文明的精神面貌,使之更加积极向上、开放包容。马克思主义真理之光激活了中华民族优秀基因,深化了中华民族对于文化根源和未来发展方向的自我认知。通过创造性转化和创新性发展,中华传统文化在马克思主义指导下吸收一切先进思想和理念,不仅巩固了自身深厚的文化底蕴,还形成了面向未来的开放态度和创新精神。这种精神面貌的转变,为中华民族在人类现代化历史进程中巩固文化主体性、加强文化创造性提供了源源不断的思想精华和精神动力。

二是为建设中华民族现代文明指明了前进方向。马克思主义的科学理论为建设中华民族现代文明提供了科学的理论指导,为当代中国的物质文明、精神文明、政治文明、社会文明和生态文明的协同发展指明了方向。马克思主义并不是与中国传统文化割裂的外来理论,而是在同中华优秀传统文化相结合的过程中,不断被赋予中国特色和时代内涵,使其能够更好地适应中国的国情和文化背景,从而更好指导中华民族现代文明的发展。马克思主义的科学理论与中华优秀传统文化的人文精神的结合，不仅丰富了中华民族现代文明的科学内涵，也为中华民族现代文明发展进程中遇到的理论与实践问题提供了独特的解决方案。中华优秀传统文化强调的和谐、中庸之道、重视道德和集体利益等价值观，与马克思主义关于社会公平、人的全面发展的理论相结合，形成了具有中国特色的社会主义价值体系，塑造了中华民族现代文明的价值方向，也为处理社会矛盾、促进社会和谐与进步提供了文化基础。马克思主义基本原理同中华优秀传统文化的结合，使中华民族现代文明实现了发展与创新。在文化层面，促进了传统文化的创造性转化和创新性发展，使中华文化在全球化语境下既保持了自身的独特性，又彰显了自身的开放性和包容性；在制度层面，既吸收了马克思主义的科学原理，又融合了中华优秀传统文化的治国理政智慧，形成了中国特色社会主义制度，有效推进了国家治理体系和治理能力现代化。

三是构筑起中华民族现代文明的坚实基础。马克思主义深刻揭示了人类社会发展的基本规律，为中华民族指明了社会主义现代化的基本方向；而中华优秀传统文化所蕴含的深厚人文精神，特别是关于和谐、中庸、仁爱的价值观念造就了民族道德文化的支撑力量，不仅保证了中华民族现代文明建设的科学性和进步性，也确保了其道德性和人文性，塑造了一种富有现代化张力的文明新形态，使古老的中华民族在明德修身上焕发新风貌。这一深刻"化学反应"也在推动着中华文明从传统文明向现代文明的转变，使中华民族不仅在物质层面实现现代化，更在精神和文化层面完成自我超越和接续发展，推动中华文明实现从以农业文明为主导的传统文明向以工业化、信息化、全球化为特征的现代文明的转变，增强文明自觉与文明自信相统一的历史主动。

其三，深刻的"化学反应"实现了又一次思想解放。在马克思主义基本原理同中华优秀传统文化相结合的深刻的"化学反应"中，二者精髓的融合实现了又一次思想解放的历史性跨越。这一结合深植于中国共产党解放思想的历史进程，体现了对党的理论创新经验的总结和对文化发展规律的洞察，同时展现了马克思主义中国化时代化的生动实践。通过这一结合，中华优秀传统文化得到创造性转化和创新性发展，马克思主义在中国的土壤中焕发出新的活力，为中华民族现代文明建设奠定了坚实的理论和文化基础，推动了中华文化在新时代的自信与自强，为中国式现代化探索提供了正确方向和强大动力。

首先，这场"化学反应"推动了对马克思主义与中华文化关系认识的思想解放。这场"化学反应"强调了马克思主义基本原理同中华优秀传统文化之间高度的契合性，打破了二者不可兼容的错误理解，促进了马克思主义文化理论的不断完善和发展。通过将马克思主义基本原理同中华优秀传统文化相结合，不仅为马克思主义在中国的发展注入了新的活力，也为中华文化的现代转型提供了科学指导和理论支持，这一过程本身就是对旧观念、旧文化的一种超越，体现了新时代中国共产党人的思想解放。在新的历史条件下，对马克思主义基本原理同中华优秀传统文化的结合进行时代化的阐释，形成了一系列关于社会主义文化建设的新的理论观点和实践成果，其精华就是习近平文化思想。这不仅为中华民族现代文明建设提供了根本遵循,也实现了思想理论的守正创新,有效推动了中国特色社会主义文化事业的发展。

其次,这场"化学反应"推动了对中国与马克思主义关系认识的思想解放。长期以来,在对中国与马克思主义关系问题的认识上,一部分人片面强调马克思主义科学理论对中国发展的深刻影响,但对中国之于马克思主义理论体系的发展贡献闭口不提。充分肯定马克思主义深刻改变了中国的认识当然是正确的,但停留于这样的认知是不全面的,因为这只看到了问题的一个方面。而"第二个结合"的提出,则使我们认识到马克思主义和中国是互相成就的关系,不仅马克思主义深刻改变了中国,中国也极大丰富和发展了马克思主义,这样的认识才更加全面。马克思主义基本原理同中国具体实际相结合侧重于理论与实践、主观与客观、应用与被应用的关系问题,这一结合做得再好,就其本质而言,也只能体现对马克思主义科学理论的深刻理解和有效运用,无法真正让马克思主义成为中国的。如果说这种结合语境下的"中国"具有明显的受动特质,那么"第二个结合"中的"中国"则表现出强烈的主体能动性。"第二个结合"触及古与今、中与西之间的交流互鉴和融合发展问题。正是通过深刻的"化学反应",中华优秀传统文化得以进入马克思主义谱系之中,使马克思主义从中华文化沃土中获得丰厚滋养,使身为"舶来品"的先进理论真正内化为中华民族现代文明的有机组成部分,让马克思主义成为中国的。

再次,这场"化学反应"推动了对传统与现代关系认识的思想解放。对于传统文化，过去由于多种因素，有的人往往坚持着这样一种形而上学的偏见：将传统与现代文明机械地对立起来，一提到"传统"就认为是落后的、过时的、陈腐的，而"现代"就是进步的、发展的、时髦的，由此呼吁建设现代文明就必须彻底抛弃传统。事实上，传统与现代之间并非简单的对立或断裂关系，而是有着更为复杂的内在联系，呈现出相互兼容、相互作用的鲜明特征。"第二个结合"在厘清传统与现代关系层面实现了思想解放，凸显了中华优秀传统文化在现代化进程中的地位和价值，要求从连续性和整体性维度考察由传统中国到现代中国的发展演进过程，将中国视为一个连续发展的有机整体。传统与现代是相互影响、相互交融、相互塑造的，中国式现代化强调赓续而非消灭古老文明，是文明更新的结果，而不是文明断裂的产物。"第二个结合"强调以文化底蕴筑牢道路根基，让新时代的道路建设实践有了更为宏阔深远的历史纵深。中国式现代化与中华文明是相互影响、协同推进的，前者赋予后者以现代力量，后者赋予前者以深厚底蕴。

马克思主义基本原理同中华优秀传统文化相结合巩固了文化主体性

马克思主义基本原理同中华优秀传统文化相结合最根本的价值体现在什么地方？对此，习近平总书记在文化传承发展座谈会上指出，"第二个结合"巩固了文化主体性。何为文化主体性？这里的主体性，特指某一主体在文化活动中的重要地位。毫无疑问，这里的

读懂天下为公

主体当然是指中国。因此,文化主体性实质上是指"在文化层面上彰显当代中国作为主体的特殊性质"[1],是指中国共产党和中国人民对自身文化发展的高度主动权。习近平总书记强调:"有了文化主体性,就有了文化意义上坚定的自我。"[2] 拥有坚定的自我,更是凸显了中国这个主体在文化活动中的自主性和主动性。"第二个结合"巩固了文化主体性,具体体现为增强了文化自觉、坚定了文化自信、提升了文化自立、推进了文化自强。

其一,增强了文化自觉。何为文化自觉?一般认为,"文化自觉"一词最早由费孝通提出。费孝通认为,文化自觉是指"生活在一定文化中的人对其文化有'自知之明',明白它的来历,形成过程,所具的特色和它发展的趋向"[3]。他进一步分析,这种文化自觉并不是要复古,也不是要全盘西化,而是为了加强文化转型和文化选择中的主动性以及主动地位。从这一角度来看,"第二个结合"正是如此。它深刻总结文化发展的历史规律,提出文化传承发展的方法,强调守正不守旧、尊古不复古,坚持古为今用、洋为中用,大大增强了中华民族的文化自觉。首先,"第二个结合"是文化传承发展的重要途径和方法。中华优秀传统文化源远流长、博大精深,是中华文化的根脉。但其归根到底是古代小农经济的产物,要使其跟上时代步伐,在当代继续发挥巨大作用,就必须在马克思

---

[1] 刘同舫:《"第二个结合"与文化主体性的巩固》,《思想理论教育》2024 年第 1 期。

[2] 习近平:《在文化传承发展座谈会上的讲话》,《求是》2023 年第 17 期。

[3] 费孝通:《反思·对话·文化自觉》,《北京大学学报(哲学社会科学版)》1997 年第 3 期。

主义这个魂脉的指导下，实现创造性转化和创新性发展。二者互相作用，互相成就，造就一个新的文化生命体，实现中华文化的新生。其次，"第二个结合"是对文化建设的规律性总结与认识。"第二个结合"不仅是理论逻辑上的必然结论，还是在对近代以来中国文化发展历史进行深刻总结的基础上得出的规律性认识。鸦片战争以后，中国逐步沦为半殖民地半封建社会。面对西方在文化领域的进攻，建立在小农经济基础之上的中国传统文化，在西方先进的资本主义文化面前败下阵来。中国人苦苦寻找文化发展的出路，直到马克思主义传入中国，才逐渐掌握了文化发展的主动权，在精神上由被动转为主动。中国共产党深刻认识到，马克思主义在中国的传播和发展，必须经由一定的民族形式才能够实现，必须同中华优秀传统文化相结合。正是因为坚持"第二个结合"，中国共产党领导人民创造了革命文化和社会主义先进文化，真正推动了中华文化在当代中国的大发展大繁荣。再次，"第二个结合"实现了马克思主义中国化时代化新的飞跃。党的十八大以来，以习近平同志为主要代表的中国共产党人坚持"第二个结合"，立足新时代中国实际，充分汲取中华优秀传统文化中的精华养分，创立了习近平新时代中国特色社会主义思想。从其科学的世界观和方法论，到治国理政的智慧和布局，习近平新时代中国特色社会主义思想闪耀着"第二个结合"的光辉，是中华文化和中国精神的时代精华，实现了马克思主义中国化时代化新的飞跃。

其二，坚定了文化自信。何为文化自信？顾名思义，文化自信就是对自身文化的价值有着高度的认识和肯定，以及对自身文化发展的坚定信心。文化自信是一个国家、一个民族立得住、站得稳、行得远的最大底气。一个民族的文化自信，往往需要经历长期的历史过程，需要经历岁月的反复淘洗和沉淀，需要对自身文化成果有着深刻的总结和继承，还需要对本民族优秀传统文化怀有足够礼敬。"第二个结合"的提出，标志着党的文化自信达到了新的高度。"第二个结合"指出文化自信的重要来源、突出内容和提升路径，大大坚定了中华民族的文化自信。首先，"第二个结合"指出了文化自信的重要来源。习近平总书记指出："中华优秀传统文化是中华文明的智慧结晶和精华所在，是中华民族的根和魂，是我们在世界文化激荡中站稳脚跟的根基。"[①] "第二个结合"充分肯定了中华优秀传统文化的重要作用，指出中华优秀传统文化是我们民族的自信之基、力量之源，是中华文明数千年来生生不息的精神力量，是中华民族历经千难万险依然屹立于世界民族之林的精神支柱。其次，"第二个结合"指出了文化自信的突出内容。中华优秀传统文化中丰富的哲学智慧、历史经验、人生价值、治国理念，是中华文明特有的精神标识，充分体现了中华民族自强不息的奋斗精神和饱含智慧的无穷创造力。再次，"第二个结合"揭示了文化自信的提升路径。要立足中华民族伟大历史实践和当代实践，坚持用中国道理总结好中国经验，加快构建中国特色哲学社会科学；坚持把中国经验提升为中国理论，不断推进马克思主义中国化时代化；坚持用中国理论回答好中国问题，为新时代中国特色社会主义伟大实践提供科

---

① 《习近平关于社会主义精神文明建设论述摘编》，中央文献出版社2022年版，第236页。

学理论指导。

其三，提升了文化自立。何为文化自立？立，就是要立足和扎根中国大地。文化自立就是强调作为文化主体的中国共产党和中国人民，以中国的优秀传统文化为滋养，以中国的社会实践为根据，排除外来因素的侵蚀和干扰，独立自主发展自己的先进文化。"第二个结合"坚持马克思主义指导，坚持从中国实际出发，充分运用中国传统智慧和文化资源，推动新时代文化发展，帮助我们党牢牢巩固文化领导权，大大提升了中华民族的文化自立。首先，"第二个结合"巩固了马克思主义在意识形态领域中的指导地位。马克思主义是我们立党立国、兴党兴国的根本指导思想，但是马克思主义不是一成不变的教条，它必须随着时代的发展而发展，才能始终保持旺盛生命力；必须结合当地的历史文化条件，才能更好地在本土扎根、传播，保证其作为指导思想的重要地位。"第二个结合"坚持守正创新，用中华优秀传统文化充盈、丰富了马克思主义，推动了马克思主义中国化时代化，使其更能符合中国实际，更能为中国人民所接受、领悟和掌握。这在根本上巩固了马克思主义在意识形态领域的指导地位。其次，"第二个结合"加强了中国共产党和中国人民作为文化主体的实践主动性。党的十八大以来，以习近平同志为核心的党中央科学总结中华文化发展历程，深刻洞悉中华文化发展大势，作出一系列关于文化建设的重要论述，并团结带领全国人民加以实践：强调必须坚持自信自立，中国的问题要立足中国实际，由中国人民自己来回答；强调必须加快构建中国特色哲学社会科学，必须体现继承性、民族性，充分利用好中华优秀传统文化资源,在吸收升华的基础上,使民族性更符合当代中国实际和人类发展要求;强调中国式现代化是赓续古老文明的现代化,而不是消灭古老文明的现代化,是从中华大地长出来的现代化,不是照搬照抄其他国家的现代化;等等。再次,"第二个结合"抵御了各类错误思潮的侵扰。习近平总书记指出:"我们的同志一定要增强阵地意识。宣传思想阵地,我们不去占领,人家就会去占领。"[1]面对各式各样的社会思潮、相互碰撞的价值理念、激烈变化的传播态势,"第二个结合"为我们坚持正确的文化建设方向,抵御各类错误思潮的侵扰提供了强大的思想武器:反对任何形式的文化复古主义,坚持推陈出新、革故鼎新;反对文化全盘西化论,正确对待西方文化,吸收人类文明一切有益成果,为我所用;反对西方在意识形态领域的和平演变,坚守社会主义文化建设的正确方向,增强中华文化在国际上的影响力。

其四,推进了文化自强。何为文化自强?进入新时代,中国人民迎来了从站起来、富起来到强起来的伟大飞跃。要真正实现强起来,不仅在物质层面要强,在精神层面也要强。文化自强,就是指中华民族依靠自己的努力,使自身在精神文化领域强起来。"第二个结合"是我们党对中华文明发展规律的深刻把握,为我们提供了一条在精神层面实现强起来的正确路径,为我们担负起新的文化使命指明了正确方向,大大推进了中华民族的文化自强。首先,"第二个结合"对推动文化繁荣有重要意义。勤劳勇敢的中国人民创造

---

[1] 《习近平关于社会主义精神文明建设论述摘编》,中央文献出版社2022年版,第67页。

了灿烂辉煌的中华文化，开创了文化繁荣的美好景象。中华优秀传统文化滋养了一代代中国人，塑造了中国人的精神气质，满足了中国人的精神需求。如今，在新时代推进文化发展繁荣，中华优秀传统文化依然存在巨大价值。"第二个结合"将中华优秀传统文化的巨大价值充分彰显和发挥出来，使之与现代社会相适应，与社会主义核心价值观相协调，与当今时代发展与人民需求相符合，为社会主义文化大发展大繁荣提供源源不绝的养分。其次，"第二个结合"对建设文化强国有重要意义。习近平总书记指出，要"推动中华优秀传统文化创造性转化、创新性发展，继承革命文化，发展社会主义先进文化，不断铸就中华文化新辉煌，建设社会主义文化强国"[①]。国家的强盛，既要看经济军事等硬实力，也要看文化软实力。建设社会主义文化强国，是全面建设社会主义现代化国家的题中应有之义，而"第二个结合"是建设社会主义文化强国的重要途径。中华优秀传统文化中刚健有为、自强不息的精神气质激励着一代代中国人面对困境百折不挠，是刻在中国人骨子里的文化基因。今天，面对艰巨繁重的建设任务，中华优秀传统文化依然是中国人迎难而上的动力之源，"第二个结合"为建设文化强国提供了坚实的历史文化基础。再次，"第二个结合"对建设中华民族现代文明有重要意义。习近平总书记指出："中华优秀传统文化是中华文明的智慧结晶和精华所在，是中华民族的根和魂，是我们在世界文化激荡

---

① 《习近平关于社会主义精神文明建设论述摘编》，中央文献出版社2022年版，第30页。

读懂天下为公

中站稳脚跟的根基。"[①] 建设中华民族现代文明，是推进中国式现代化的必然要求。中国式现代化是赓续古老文明的现代化，而不是消灭古老文明的现代化。要赓续古老文明，就必须使中华文明从适应自然经济的传统状态转变为适应工业社会的现代状态。"第二个结合"打通了中华优秀传统文化与现代文明相适应的关键渠道，使传统的成为现代的，更好地构筑起中国精神、中国价值、中国力量。

文化兴则国运兴，文化强则民族强。当今世界正经历百年未有之大变局，"源浚者流长，根深者叶茂"。站在历史的交汇点，在全面建成社会主义现代化强国、实现第二个百年奋斗目标的新征程上，我们应充分认识中华优秀传统文化的重要价值，坚定文化自信、历史自信，大力推进中华优秀传统文化的研究与传承。要坚持马克思主义理论的科学指导，透过表象看历史，深入挖掘中华优秀传统文化的精神标识和文化精髓，把马克思主义基本原理同中华优秀传统文化精髓融会贯通，进行创造性转化和创新性发展，赓续中华文脉，谱写当代华章。要深刻把握中华优秀传统文化的当代价值，充分发挥中华优秀传统文化的引领作用，把马克思主义基本原理同中国具体实际、同中华优秀传统文化相结合，坚定不移推进马克思主义中国化时代化，在守正中创新，在传承中发展，讲好"第二个结合"故事，更好推进中华民族现代文明的发展。

在中华人民共和国成立75周年、中山大学成立100周年之际，中山大学中共党史党建研究院组织专家学者撰写的理解和推进"第

[①]《习近平关于社会主义精神文明建设论述摘编》，中央文献出版社2022年版，第236页。

二个结合"丛书的出版，具有重要的政治意义和纪念意义。同时，这套丛书是国家社科基金重大招标项目《以"两个结合"继续推进马克思主义中国化时代化研究》（项目编号：23ZDA006）阶段性成果，具有一定的学术意义。

希望这套丛书在深化对党的二十大精神、文化传承发展座谈会精神和习近平文化思想研究阐释方面立新功，在深化对"第二个结合"研究方面谋新篇，在推动讲好中华优秀传统文化故事、中国共产党故事等方面探新路。

是为序。

张 浩

中山大学中共党史党建研究院执行院长

目 录

第一章 / 001
天下为公的历史根脉和思想演变

第一节　天下为公的内涵阐释⋯⋯⋯⋯⋯⋯⋯⋯⋯⋯⋯⋯⋯⋯　003

第二节　天下为公的历史根脉⋯⋯⋯⋯⋯⋯⋯⋯⋯⋯⋯⋯⋯⋯　009

第三节　天下为公的思想精髓⋯⋯⋯⋯⋯⋯⋯⋯⋯⋯⋯⋯⋯⋯　031

第二章 / 051
马克思主义的价值理想与天下为公的契合性

第一节　马克思主义的世界历史思想与天下为公的价值理念
　　　　相契合⋯⋯⋯⋯⋯⋯⋯⋯⋯⋯⋯⋯⋯⋯⋯⋯⋯⋯⋯⋯　055

第二节　马克思主义的人类解放理论与天下为公的价值旨归
　　　　相契合⋯⋯⋯⋯⋯⋯⋯⋯⋯⋯⋯⋯⋯⋯⋯⋯⋯⋯⋯⋯　072

第三节　马克思主义的共产主义理想与天下为公的大同理想
相契合 ··· 088

第三章 / 101
中国共产党对天下为公的不懈求索

第一节　新民主主义革命时期对天下为公的探索与实践············· 103

第二节　社会主义革命和建设时期对天下为公的探索与实践········ 120

第三节　改革开放和社会主义现代化建设新时期对天下为公的
探索与实践 ·· 137

第四章 / 155
新时代新征程继续践行天下为公

第一节　推进中国式民主·· 157

第二节　推进中国式现代化··· 178

第三节　推动构建人类命运共同体··· 188

第一章

天下为公的历史根脉和思想演变

第一章
天下为公的历史根脉和思想演变

"大道之行也,天下为公。"天下为公是古代先贤基于对上古三代的圣王之世的美好向往而提出的政治目标,其中所蕴含的治国方略、秩序意识、人格追求引发了人们心中对于社会公平正义的共鸣,提供了审视现实世界的价值标准,勾勒了一幅理想社会的美好图景,指明了良政善治的前进方向。天下为公的理念在政治实践中不断丰富完善,在继承和创新中不断发展变化,为治国理政留下了宝贵的思想财富。

第一节 天下为公的内涵阐释

"天下为公"典出《礼记·礼运》。据史书记载,孔子在参加完鲁国的蜡祭大典之后,哀叹于春秋时期礼崩乐坏、大道既隐的社会现实,感慨于上古三代的明君当政、大道施行的理想社会,由此发出"大道之行也,天下为公。选贤与能,讲信修睦"的千年一叹。"天下为公"虽出自儒家经典,但其理念并非先秦儒家独有,先秦诸子和后世思想家都从天下观、公私观等不同维度阐发了这一观点,丰富了天下为公的内涵。

一、何为"天下"

中国自古是一个多民族的天下型国家,中国的天下观不仅塑造着本国人民的政治哲学理念,也深刻影响了以儒家文化为基础的东亚、东南亚各国。追根溯源,"天下"的概念最早出现于周初。《尚书·召诰》写道:"其惟王位在德元,小民乃惟刑用于天下,越王显。"大意是,王立于德命之首,让老百姓效法施行于天下,发扬王的美德。《尚书·召诰》中"天下"所覆盖的疆域范围并不大,主要指的是以今天的洛阳为中心的四方,但其意义已经远远超越了地理意义,上升到了共同的文化精神追求层面。"天下为公"一语提出的历史背景为春秋时期,正是从这一时期开始,华夏民族的整体意识逐渐明朗,逐渐形成了由方位、层次和夷夏交织而成的天下观,即天下由诸夏及蛮夷戎狄组成,诸夏居中,属内服;蛮夷戎狄居四方,属外服。华夏与蛮夷戎狄共同生活于"天下"的地理空间之中,以期实现王者无外、天下大同的理想境界。[①]

自秦朝实现大一统后,"天下"的范畴被限定在政权实际能够支配的地域之内。《史记·秦始皇本纪》写道"分天下以为三十六郡",此处的"天下"就是皇帝能够通过户籍对百姓进行管理,从而行使统治权的领域。随着汉代国力的日益强盛,"天下"的范围延伸到以羁縻和朝贡政策控制的四夷之地,由此建立了一套天下共主的话语体系,以意识层面的优势对领土内外的生民进行精神统治。在政书《通典》中,唐代政治家杜佑将当时人们对于天下的定义概括为三

[①] 梁治平:《"天下"的观念:从古代到现代》,《清华法学》2016年第5期。

第一章
天下为公的历史根脉和思想演变

点：其一，立国宰物，以国作为统治天下的中介；其二，基于《尚书·禹贡》划定天下的基本领域；其三，在上天、天子、百姓三者的关系之中，形成基于德治的政体。① 之后的宋、元、明历朝基本上都遵循了汉唐时期的理念，将四夷囊括入天下的范围。直至清朝末年，中国在西方列强坚船利炮的冲击下被迫打开国门，"天下"的概念逐渐与"世界"的概念相融合，成为范围最广、级别最高的政治单位。

"天下"是中国传统政治哲学中的特有概念。在中国传统政治哲学的理论框架中，政治单位具有家、国、天下三个层次。在这一框架内，"天下"不仅是尺度最大的政治单位，也是整个框架的最终解释原则。② "天下"的政治意义已远远超出了西方现代政治学中民族国家、联邦、共同体等概念所确立的地理边界和主权原则。在中国古代思想中，"天下"可理解为三重含义合一的世界概念：在地理学意义上，"天下"指天底下所有的土地，即整个世界，如《诗经·北山》中所写的"溥天之下，莫非王土"；在社会学和心理学意义上，"天下"指世人的共同意志，即民心所向，如《短歌行》中所咏的"周公吐哺，天下归心"；在政治学意义上，"天下"指依照一定政治制度与主权原则所建立的政治存在，即世界秩序，如墨子所云"壹同天下之义，是以天下治也"。③ 在中华文明史上，"天下"的概

---

① 洪宇：《"天下"究竟有多大？》，《北京晚报》2021年5月15日第14版。
② 赵汀阳：《天下的当代性：世界秩序的实践与想象》，中信出版社2015年版，第10页。
③ 赵汀阳：《天下的当代性：世界秩序的实践与想象》，中信出版社2015年版，第47—50页。

念及"天下观"一脉相承，体现着其背后所蕴含的道德价值和政治理念。

二、"公"为何意

"公"的概念在缘起之时多用于"物指"或"人指"的具体字义。"物指"主要是指政务或公共活动，如"夙夜在公"就指代政事；而其公共活动之意源自"公"的甲骨文字形。甲骨文的"公"是"瓮"字的雏形，古时人们常围在瓮旁取酒共饮，因此有公共活动之义。"人指"主要是指代国君、宗祖和爵称，在商周的金文之中，"公"既用来表示对国君的尊称，又用来代指辅佐天子的执政大臣。春秋战国时期，"公"的含义实现了从具体义向抽象义的延伸，"公"的抽象字义包含共有、均平之义，《说文解字》对此阐释道："公，平分也。从八，从厶。八，犹背也。"《韩非子·五蠹》写道："古者苍颉之作书也，自环者谓之私，背私谓之公，公私之相背也，乃苍颉固以知之矣。""天下为公"所取的是其中"共有"之意，主要是指对公共设施、财物的共同占有。

对字义的考察不能仅仅停留在字源的考察上，更要结合具体的时代背景和社会制度剖析其深层含义。论及孔子言说"天下为公"的历史背景，王室衰微，诸侯争霸，以天子、诸侯国君为代表的"公室"被以王室宗族和诸侯宗族为代表的"私门"所倾轧，周朝的礼制不复存在，诸侯的实力成为王道。从现实主义的层面考虑，孔子致力于恢复周礼，希望天下的秩序能由天子、诸侯、卿大夫和士

第一章
天下为公的历史根脉和思想演变

共同维护；从理想主义的层面考虑，孔子感怀于上古三代，希望天下能由所有人共有。孔子所处的时代正是君权突破族权束缚、官僚制取代世官制的社会变革时期，"公天下"的时代已然远去，"族天下"的时代渐渐落下帷幕，"家天下"的时代即将开启。

公与私是中国思想史上一对非常重要的概念，二者的价值之辨深刻影响着中国传统社会的伦理塑造。从古至今，公私分明乃治国之要。《吕氏春秋·贵公》写道："昔先圣王之治天下也，必先公。公则天下平矣。"唐太宗李世民说："以天下为公，无私于物。"王夫之提出"以天下论者，必循天下之公"。只有将社会的公利置于个人的私利之上，对所有人公平公正，才能担负起治理国家的重任，才能赢得天下百姓的信任。然而，在私有制日益发展、家天下代代沿袭的古代社会中，公私的价值观念与社会现实之间出现了巨大的脱节，天下名"公"而实"私"的本质贯穿始终。

三、天下何以"为公"

"天下为公"是一个主谓式结构的成语，其中，"为"念第二声，表判断，用以揭示天下究竟归属于谁。在《礼记·礼运》一文中，描述了与"天下为公"对立存在的概念，即"天下为家"。东汉大儒郑玄注《礼记》曰："天下为公，谓天子位也。为公，谓揖让而授圣德，不私传子孙，即废朱均而用舜禹是也。'选贤与能'者，向明不私传天位，此明不世诸侯也。国不传世，唯选贤与能也……'天下为家'者，父传天位与子，是用天下为家也，禹为其始也。"从权力

读懂天下为公

产生和社会治理的维度来看,"天下为公"和"天下为家"代表着两种不同政治体制和社会秩序。在"为公"的社会之中,天下由所有人共有,国君是由百姓依照德行而选定的,国君所拥有的权力服务于社稷生民;在"为私"的社会之中,天下由一家一姓统治,天子人选依据血统关系而定,天子所拥有的权力服务于统治阶级的利益。

面对家天下的历史倒退,儒家先贤用纸笔勾勒出他们心中的理想世界——大同社会。在大同社会之中,生产资料由所有人共有,人与人之间没有等级差别、剥削压迫,人们彼此平等、和睦相处,各有所得、各得其乐。大同社会是儒家所构想的人类社会的最高阶段,而天下为公、选贤与能、讲信修睦则是实现这一政治理想的必要条件。唐代经学家孔颖达在《礼记正义》中写道:"天位尚不为己有,诸侯公卿大夫之位灼然与天下共之,故选贤与能也。"在儒家学者看来,选贤与能是天子"德配天地"的具体表现。天下不是天子的私家天下,因此不能任人唯亲,无论是君王之位的继承人还是朝中的文武百官,都应遵循"选贤与能"的为政方略。[1]当天下由贤能之人治理,国君能够做到言信行睦,百姓就能蒙受福泽,世人便皆能和睦相处,社会将会呈现出一派繁荣、平等、无私的大同景象。天下为公、大同社会的政治目标一经提出,就呼唤起人们对公平正义、幸福安乐的追求,成为鞭策人们改变现状、追逐理想的前进号角。

---

[1] 谭惟:《求大同:从古到今的梦想》,《人民日报海外版》2016年11月8日第10版。

第二节 天下为公的历史根脉

天下为公是中华优秀传统文化的基本价值取向之一。从先秦诸子的普遍共识到封建帝制时代的价值冲突，从农民阶级的天国梦想到资产阶级的大同设想，天下为公思想贯穿中国政治思想史始终，展现了历代先贤对于政治秩序的美好构想。

一、古代中国天下为公思想的演变历程

《周易》有言："观乎天文，以察时变；观乎人文，以化成天下。"中华文明立足于现实的人，构建了以人与自然、人与社会、人与自我的关系为核心的精神世界。人是中国历史的主体，他们不仅是自然的存在，是社会的存在，更是家庭、乡里、族群、国家、天下这些群体中不可或缺的生命细胞。在对个人与天下关系的探索中，各个流派的思想家、各个朝代的政治家对天下为公、天下为家、天下为私的价值命题进行讨论和思考，在政治理论和政治实践交织碰撞中建构秩序。

（一）先秦时期的天下为公思想

天下为公是先秦时期一种具有普遍性的观念。儒家、道家、墨家、杂家等各派立论虽然不同，但均以整个天下为对象，聚焦于有道与无道之辨，借天下秩序的美好想象表达对政治现状的不满。儒

家以顺天意、施仁政而致天下秩序，道家崇尚道法自然，墨家提倡兼爱非攻，法家强调法、术、势并重以霸天下，各个流派的思想家力图依照自己的设想推行不同的政治变革。

1. 儒家的天下为公思想

孔子的天下观。在儒家思想史的一般叙事中，孔子在修订《六经》、传道授业的过程中始终坚持祖述尧舜、宪章文武，志在恢复先王之道，改变诸侯割据乱局。在孔子看来，上古三代行大道、公天下，"巍巍乎，舜禹之有天下也而不与焉！"孔子将舜、禹推许为古代君主的典范，表达了其对大同之世的向往；而夏代以后，大道隐没，进入"天下为家"的时代，以夏禹、商汤、周文王、周武王、周成王和周公为代表的君子，以礼仪规范出一个井然有序的小康社会。在天子衰微、诸侯失位、周礼陵替的春秋后期，大同社会已是遥不可及的梦想，通过重整礼乐秩序而建成小康社会成为孔子的现实理想。①

在孔子的价值体系中，谁为天下之主并不重要，重要的是能否维护政治秩序之井然有序，最具代表性的例子当数孔子对管仲辅佐齐桓公一事的评价。子贡曾问孔子："管仲非仁者与？桓公杀公子纠，不能死，又相之。"孔子答道："管仲相桓公，霸诸侯，一匡天下，民到于今受其赐。微管仲，吾其被发左衽矣。岂若匹夫匹妇之为谅也，自经于沟渎而莫之知也。"孔子认为，对于政治家的评判，应看他能否纾解天下之困厄，能否造福苍生而泽被后世。管仲辅佐

---

① 王学斌：《中国历史上的"小康论"》，《学习时报》2012年7月5日第5版。

第一章
天下为公的历史根脉和思想演变

齐桓公一匡天下,有效捍卫了华夏文明的正统,阻止了以夷变夏的文明倒退,挽救了华夏民族所面临的生存危机,因此,不能以普通的政治伦理标准来衡量其行为。① 基于此,孔子提出"所谓大臣者,以道事君,不可则止"的为官之道。孔子主张君子要以自己的原则为尺度,不主张臣对君无条件地绝对服从,"以道事君"的主张反映出大臣的尊君是以利天下为根本的,并非为获取个人的名利。从孔子天下大同的政治理想和周游列国的实践精神来看,他并不是一味地去批判现实抑或迎合现实,而是在尊重政治现状的前提下,力求达到政治理想向政治实践的有效转化。

德政和仁政是孔子政治思想的代表性观点,蕴含着公天下的政治意识。"为政以德,譬如北辰,居其所而众星共之。"从政之人要以崇高的道德约束自己,以身作则,才能感化民众,形成众星拱北的稳定秩序。孔子提倡的为政以德并不限于君子的自身修养,更囊括了处理公共事务、运用公共权力时需要秉持的价值信条。在孔子看来,能行"恭、宽、信、敏、惠"五者于天下,便可称为仁人。"谨权量,审法度,修废官,四方之政行焉。兴灭国,继绝世,举逸民,天下之民归心焉。所重:民、食、丧、祭。宽则得众,信则民任焉。敏则有功,公则说。"君王怀仁爱之心,持中庸之道,普天之下才能共享太平。

孟子的天下观。孟子所处的年代,是一个天下失去共主、七雄争霸天下的乱世,"争地以战,杀人盈野;争城以战,杀人盈城"

---

① 赵轶峰:《中国传统文化中的"天下为公"及其现代回响》,《东北师大学报(哲学社会科学版)》2011年第5期。

的兼并战争日益频繁,"庖有肥肉,厩有肥马,民有饥色,野有饿莩"的阶级对立日益尖锐,战国诸王出于一己之私而荼毒天下,民之憔悴于虐政久矣。基于这样的时代背景,孟子认识到,要想寻得医治乱世的良方,必须冲破利益藩篱,超越战国诸雄的国家局限,以天下万民安乐为目的,以仁政造福百姓、平定天下。① 孟子放眼人寰,纵论古今,形成了以民贵君轻为核心理念、以仁政王道为现实路径、以制民恒产为基本保障的民本思想,由此开启了战国儒学的思想转换。

民贵君轻、得道多助是孟子"公天下"的代表性观点。"民为贵,社稷次之,君为轻。是故得乎丘民而为天子。"唯有得民心之人,方能成为合法的君主。在论述国家政治和社会伦理问题时,孟子大量使用"天下"一词,深刻阐述了政权的合法性以及王道的价值性问题。在论及王位传授时,弟子万章问:"尧以天下与舜,有诸?"孟子答道:"否。天不言,以行与事示之而已矣……使之主祭而百神享之,是天受之;使之主事而事治,百姓安之,是民受之也。天与之,人与之,故曰:天子不能以天下与人。"由此可知,孟子认为,政权并不能私相授受,天子不过是天与民委托的管理者,而非天下的所有者。

施行仁政是得人心、平天下的必要条件。"三代之得天下也以仁,其失天下也以不仁。国之所以废兴存亡者亦然。天子不仁,不保四海;诸侯不仁,不保社稷。"在孟子看来,推行仁政与王道是天

---

① 陈学凯:《孟子天下观与战国儒学的思想转换》,《南开学报(哲学社会科学版)》2017年第4期。

第一章
天下为公的历史根脉和思想演变

下能够长期稳定延续的前提条件。孟子的仁政与王道思想既包含着精神意义的内容,强调"乐民之乐者,民亦乐其乐;忧民之忧者,民亦忧其忧";又囊括了实践意义的举措,主张"明君制民之产,必是仰足以事父母,俯足以畜妻子;乐岁终身饱,凶年免于死亡"。

荀子的天下观。荀子身处战争频仍、名辩勃兴的战国时代。作为战国末期儒家思想的集大成者,荀子对君王德行、国家治理和天下一统之间的关系展开了深入思考。

天下和国家是荀子政治哲学的主要议题。《荀子·正论》云:"国,小具也,可以小人有也,可以小道得也,可以小力持也;天下者,大具也,不可以小人有也,不可以小道得也,不可以小力持也。国者,小人可以有之,然而未必不亡也;天下者,至大也,非圣人莫之能有也。"荀子的上述对比阐述了国家和天下之间的差异,并提出国家是治理天下最有力的工具,主张以"道"作为治理天下国家的依归。[①]

在荀子的政治哲学中,天子是天下最有权力的,然而天子之位并不是一般人可以胜任的,天子需为"道德纯备,智惠甚明"之人。《荀子·大略》写道:"天之生民,非为君也;天之立君,以为民也。"天子拥有天下,既不依靠暴力,亦不依赖祖先,而在于民心向背。因此,荀子反对世俗所谓的尧、舜禅让的观点,也驳斥汤、武篡位的说法,而是主张将民心归向作为评价政权更迭的价值标准,这在某种程度上体现了以民为本的思想。《荀子·王制》写道:"选

---

① 潘小慧:《荀学视域中的"天下"和"国(家)"》,《中国人民大学学报》2017年第3期。

贤良，举笃敬，兴孝弟，收孤寡，补贫穷，如是则庶人安政矣。庶人安政，然后君子安位。传曰：'君者，舟也；庶人者，水也。水则载舟，水则覆舟。'此之谓也。""舟水之喻"旨在强调民心对于统治者的极端重要性，为政者只有平政爱民，才能维护天下的长治久安。

2. 道家、墨家、杂家的天下为公思想

道家的天下为公思想。《道德经》有言："圣人常无心，以百姓心为心……圣人在天下，歙歙焉，为天下浑其心。"老子所说的无心，并非没有主观意愿，而是没有私心。圣人不是普通的百姓，而是天下的统治者，唯有做到摒弃私欲、平等待物，才能使天下人的心思归于浑朴。《列子·杨朱》有言："公天下之身，公天下之物，其唯至人矣。"在杨朱看来，人们互不侵犯，天下无夺权窃位之人，无化公为私之辈，社会才能太平。

墨家的天下为公思想。天下为公是墨学公德伦理的一个基本理念，也是"兼相爱"和"交相利"理念的基本前提。[①] 与儒家的差等之爱相别，墨家主张人与人之间平等相待、互助互利、相亲相爱。在墨子看来，"文王之兼爱天下之博大也，譬之日月，兼照天下之无有私也"。墨家的公共生活意识以"天下人"组成的社会为出发点，以天下的平等、进步为落脚点，突显了仁义价值的至上性、公共性。[②] "仁人之所以为事者，必兴天下之利，除去天下之害。"墨家

---

① 萧成勇：《"天下为公"：墨子墨学公德伦理的一个基本理念》，《安徽师范大学学报（人文社会科学版）》2015 年第 3 期。
② 盖立涛：《墨家的天下关怀与公共精神》，《理论月刊》2017 年第 3 期。

第一章
天下为公的历史根脉和思想演变

以形劳天下的大禹为榜样,以兴利除害为己任,体现出了其深切的天下关怀和救世情怀。

杂家的天下为公思想。战国末年,吕不韦组织门客编撰的杂家著作《吕氏春秋》充分体现了公天下的社会理想。《吕氏春秋·去私》以天地自然的无私之道为引,提出"天无私覆也,地无私载也,日月无私烛也,四时无私行也。行其德而万物得遂长焉"。以自然规律类比天下之道,提出公心是天下秩序的根据:"昔先圣王之治天下也,必先公。公则天下平矣。平得于公。"杂家与儒家"以道事君"的主张一致,"子不遮乎亲,臣不遮乎君。君同则来,异则去。故君虽尊,以白为黑,臣不能听;父虽亲,以黑为白,子不能从",即主张参政之人必须有自己坚守的原则。

(二)封建帝制时代的天下为公思想

秦始皇统一六国、建立秦朝后,中国进入封建帝制时代。天下一统究竟是为一姓之私还是为黎民百姓,引发各派争鸣:一方认为,封建帝制是为维护公共生存利益而设置的,做到了天下为公、天下大同;另一方认为,封建帝制的本质是私权的膨胀,会造成私人利益凌驾于公共利益之上,违背公意。

1. 董仲舒天下为公的制度设计

董仲舒继承并发展了先秦儒家的天下为公思想,并试图在汉武帝时期实现天下为公的制度转化。

"天"是董仲舒政治哲学体系中的核心内涵。"王者,天之所予也；其所伐，皆天之所夺也。"在《春秋繁露》中，"天"是集自然之天、人格之天、义理之天等于一体的集合概念，主宰着人类社会最高权力的兴替。"且天之生民，非为王也；而天立王，以为民也。"在"天为民立王"的观念中，上天是虚指，人民是实指，意在揭示"民心即天命"的根本原则，蕴含着天下为公的价值理念。在"天之所予"与"天之所夺"的辩论之中，民心是证明政权合法性的唯一依据。凡是赢得民心的政权，定是顺受天命的政权；凡是丧失民心的政权，必是被天命所废绝的政权。

"仁"是董仲舒政治伦理中的最高价值追求。"人之受命于天也，取仁于天而仁也。"在董仲舒看来，仁是天道的体现，是上天赋予的，人的行为应当顺应天道。"圣人法天而立道，亦溥爱而亡私，布德施仁以厚之，设谊立礼以导之。"仁是君王的最高政治追求和德行原则，君王唯有循天理、行仁政，才能"正朝廷以正百官，正百官以正万民，正万民以正四方"。

与孔、孟、荀所处的时代背景不同，董仲舒面对的不是满目疮痍的乱世，而是蒸蒸日上的治世。在治世实现天下为公，成为董仲舒的政治抱负。董仲舒明确提出"推明孔氏，抑黜百家"的政治主张。从法治维度进行分析，董仲舒将孔子尊为"素王"，而"推明孔氏"正是为了确立孔子"素王"的地位，发挥《春秋》的价值规范作用，从而有效限制天子权力，为天下为公奠定法治基础；从德治维度进行分析，"抑黜百家"是为了通过教化天下，实现"选贤与能，讲信修睦"。董仲舒力倡以"兴太学"的方式教化天下之人，不仅为国家招贤纳士提供了稳定的体制保障，而且有利于提高全社会

第一章
天下为公的历史根脉和思想演变

的文化水平。董仲舒提出的"推明孔氏,抑黜百家",并不是要追求建立专制帝国,而是希望通过法治保障和德治引领的制度设计,实现士大夫与天子"共治天下",进而将天下为公的政治理想转化为政治现实。

2. 柳宗元《封建论》中的公私之争

《封建论》是柳宗元受晚唐藩镇割据、永贞革新失败影响而创作的一篇政论文。《封建论》以秦始皇议立"封建"的争论为问题的源起,对分封制与郡县制进行全面的历史的分析,论述了制度理念之公与个体利益之私二者的辩证关系。

柳宗元以人类原初状态为起点,回溯了夏、商、周、秦、汉各代的国家制度设计,试图证明郡县制优于封建制,郡县制取代封建制是历史发展的大势所趋。[①]他在《封建论》中写道:"汤、武之所以不得已也,夫不得已,非公之大者也,私其力于己也,私其卫于子孙也。秦之所以革之者,其为制,公之大者也,其情,私也,私其一己之威也,私其尽臣畜于我也。然而公天下之端自秦始。"在柳宗元看来,周代的政治实践说明,封建制下,乱国多,秩序焕然之国少,加之血缘纽带和军功的合法性随着时间流逝而减弱,天子难以有效管控国内政局,导致私门逐渐凌驾于公室之上,体现出封建制本身难以克服的缺陷。秦推行郡县制,但现实局面是:有治理百姓的制度,但并没有在州郡推行,善于治国之人,难以得到守宰

---

① 干春松:《历史趋势下的"封建"与"郡县"之争:柳宗元〈封建论〉的前因后果》,《南国学术》2023年第1期。

（地方官）的职位，这证明秦朝的衰亡并不是制度本身的问题，而是落实环节有所缺漏。汉代封建制与郡县制双轨的政治格局，为二者的优劣提供了实践参照：在天子封侯的区域，只能任由侯王"怙势作威，大刻于民"，七国之乱正是例证；反观郡邑，则是贤者居位，"理且安矣"。

封建制和郡县制，究竟哪一种制度更能体现公天下的价值诉求？柳宗元提出，贤者居上、不肖者居下是天下为公的重要评判标准，而以世袭为特征的封建制造成贤者难以上升流动，成为封建制的最大弊端。[①] 在这样的社会里，即使是圣人生于其世，亦无以立于天下。

3. 明末清初启蒙思想家的天下为公思想

明末清初是中国封建社会逐渐走向衰落，新的社会文明开始萌芽的变革时期。在这一时期，一股批判封建君主专制的思潮悄然兴起。以黄宗羲、顾炎武、王夫之、唐甄为代表的一批思想家总结明朝灭亡的经验教训，并呼吁以公天下之心重新设计政治体制。

黄宗羲的民主君客思想。黄宗羲是新兴工商业阶层启蒙思想的代表人物，他的《明夷待访录》被称为17世纪中国的"民权宣言"。在《明夷待访录》中，黄宗羲提出"天下为主，君为客"的重要观点，以及"以天下万民为事"的治乱标准，深化了传统儒家的民本思想。"盖天下之治乱，不在一姓之兴亡，而在万民之忧乐。"在黄

---

① 干春松：《历史趋势下的"封建"与"郡县"之争：柳宗元〈封建论〉的前因后果》，《南国学术》2023年第1期。

第一章
天下为公的历史根脉和思想演变

宗羲看来,天下之民是国家权力的根本来源,在国家治理中居于主要地位;而君主只是以人民意志为导向的政策施行者,在国家治理中居于次要地位,是天下之民的服务者。为了实现民主君客的政治理想,黄宗羲开创性地提出了一系列民主政治方案。一是立"天下之法",提倡"有治法而后有治人"。为防止"非法之法"为害天下,黄宗羲提倡以法来约束和限制君主权力,保障天下之民的根本地位。二是实行学校议政制度,主张"必使治天下之具皆出于学校……天子之所是未必是,天子之所非未必非,天子亦遂不敢自为非是,而公其非是于学校",充分发挥学校的政治教化和舆论监督功能。三是推行计户授田,通过"丈量天下田土","以实在田土均之",改变土地过分集中的现状,使百姓获得一定的生产资料。

顾炎武的亡国与亡天下之辨。顾炎武生于明万历年间,此时正值明王朝日渐衰弱、清政权强势崛起的动荡时期。顾炎武认为,明朝灭亡与社会各阶层未能尽到道德伦理责任有关,于是借谈正始之风("正始"是三国时期魏齐王曹芳的年号。正始年间,朝政黑暗腐败,为逃避灾祸,魏晋人士消极避世,玄学开始兴盛,被称为"正始之音"),发出了"亡国与亡天下奚辨"之问。[①] "易姓改号,谓之亡国;仁义充塞,而至于率兽食人,人将相食,谓之亡天下。"在顾炎武看来,国是由宗庙、社稷和国土构成的政治实体,天下是维系社会秩序的文化。在区分"亡国"和"亡天下"的基础上,顾炎武进而阐述了"保国"和"保天下"的相互关系与责任主体。就二者

---

① 满新英:《顾炎武为什么能提出"天下兴亡,匹夫有责"》,《学习时报》2023年1月2日第3版。

读懂天下为公

关系来看,"保天下"是"保国"的基础,"治乱之关,必在人心风俗",如果整个民族礼义丧失,道德沦丧,文明堕落,将天下不保,国亦不能存。就责任主体来看,"保国"是帝王将相、文武大臣的职责;而"保天下"是捍卫民族文化传统和社会道德风气,每位普通人都有义不容辞的责任。①

王夫之的公天下思想。王夫之通过研究中国古代典籍,总结历朝历代兴衰教训,批判封建君主专制,提出"循天下之公"的政治主张。王夫之认为,封建君主专制是"销天下之才智,毁天下之廉隅",提出君王之位"可禅、可继、可革","唯保天下者,可以有天下"。王夫之以"大顺""大同"的哲学思维审视社会公正,提出"敦仁而行之以顺,则天下无不顺矣。大顺斯大同矣,三代之英所以与大道之公而合德也"。大道之公追求的是天下众人的公正,指向的是无所偏执的公正。王夫之反对损人利己、损公肥私的利己主义或独占独享的个人主义,欣赏己群诸重、人我兼顾的互利共生主义。他提出,"一姓之兴亡,私也,而生民之生死,公也……天下非夷狄盗逆之所可尸,而抑非一姓之私也"。在王夫之看来,天下应该是为天下生民的"公天下",而要想实现这一政治理想,应以"重民""养民"为治国要旨,在经济上"以天下之财,供天下之用",在政治上"严以治吏,宽以养民"。

唐甄的平等思想。唐甄认为:"天地之道故平,平则万物各得其所……是以舜禹之有天下也,恶衣菲食,不敢自恣,岂所嗜之异

---

① 满新英:《顾炎武为什么能提出"天下兴亡,匹夫有责"》,《学习时报》2023年1月2日第3版。

于人哉？惧其不平以倾天下也。"唐甄从"天地之道"的高度论述社会平等的重要性，并以此为根据批判君权神授，揭露君主专制的危害。"天子之尊，非天帝大神也，皆人也"，也就是说，君王与百姓同处天地之间，并无不同。唐甄还提出，欲治天下不平就必须抑尊，君主应效仿古代贤君，做到"处身如农夫，殿陛如田舍，衣食如贫士"，顺应民意，与民共情，正所谓"以天下之言谋事，何事不宜；以天下之欲行事，何事不达！"唐甄以"国无民，岂有四政！封疆，民固之；府库，民充之；朝廷，民尊之；官职，民养之"为论据，痛斥统治者"见政不见民"，提出"富在编户，不在府库"的立国之道。

二、近代中国天下为公思想的丰富发展

1840年，鸦片战争拉开中国近代史的序幕。由于西方列强入侵和封建统治腐败，中国逐步沦为半殖民地半封建社会。面对三千年未有之变局，一些仁人志士开始睁眼看世界，探索救国救民的道路。在西方现代文明的冲击下，"家天下"出现向"公天下"转变的契机，"天下为公"具有了超越旧的封建历史传统的新内涵。①

（一）农民阶级的天下为公思想

太平天国运动是中国历史上规模最大的农民战争，在摧毁旧制度方面为中国人民的革命和探索提供了重要经验。洪秀全吸收了西

---

① 陈甜：《"天下为公"思想的历史渊源与深远意义》，《旗帜》2023年第1期。

方基督教理念，糅合了中国儒家传统思想，表达了广大农民要求平等自由的思想。

"天下一家"理念。要理解洪秀全"天下总一家，凡间皆兄弟"的内涵，必须回到"皇上帝"这一理论原点。在洪秀全的信仰体系中，皇上帝是"天下凡间大共之父"，天下众人"皆禀皇上帝一元之气以生以出"。在《原道醒世训》中，洪秀全提出："天下凡间，分言之则有万国，统言之则实一家。皇上帝天下凡间大共之父也，近而中国是皇上帝主宰理化，远而番国亦然；远而番国是皇上帝生养保佑，近而中国亦然。天下多男人，尽是兄弟之辈；天下多女子，尽是姊妹之群；何得存此疆彼界之私，何可起尔吞我并之念。"洪秀全将《劝世良言》中上帝面前人人平等、人皆上帝子女的理念与儒家的四海之内皆兄弟结合起来，建构了一套没有疆界之私、没有夷夏之别的天下秩序。

"地下天国"构想。"天上有天国，地下有天国"，洪秀全的地下天国构想是大同社会理想与基督教平等思想相结合的产物。在《天朝田亩制度》中，洪秀全勾勒了"地下天国"的蓝图："凡天下田，天下人同耕"，"有田同耕，有饭同食，有衣同穿，有钱同使，无处不均匀，无人不饱暖也"，"天下人人不受私物，物归上主，则主有所运用，天下大家处处平均，人人饱暖矣"。《天朝田亩制度》不仅展现了中国农民阶级追求平等、要求平均地权的愿望，而且在一定程度上冲击了封建制度和纲常礼教。洪秀全等太平天国领导人对未来社会的构想，在某些理念层面已远远超过同时代的地主阶级改革派及其他农民起义领袖，体现出农民阶级先进分子的自我觉醒。但

第一章
天下为公的历史根脉和思想演变

是,由于小生产者的阶级局限和内部的腐化堕落,《天朝田亩制度》的美好设想终究化为泡影。

(二)早期改良派的天下为公思想

19世纪中叶,随着外国资本主义的入侵,近代民族工业逐渐兴起,从洋务派中分化出反映民族资产阶级利益的早期改良派。早期改良派的代表人物有王韬、郑观应、何启、胡礼垣等,他们多出身于商人或封建地主家庭,做过洋行买办或封建官僚,力主学习西方的科学技术和政治制度,希望建立议会政治。

1. 王韬、郑观应的大同思想

王韬和郑观应是早期改良派的代表人物。王韬是中国近代著名的洋务思想家和理论家,郑观应是中国近代最早具有完整维新思想体系的思想家和实业家,两人的日常往来与思想交流颇多,王韬对郑观应思想体系的形成具有重要影响。就他们的政治主张来看,二人均提倡君民共治,并论证了世界大同的发展规律。[1]

君民共治的制度设计。作为中国近代早期改良派的代表人物,王韬将西方的资产阶级民主实践与中国古代的民本思想结合起来,主张建立"与众民共政事"的君主立宪制度。王韬认为,"民"是决定国家治乱和民族盛衰的决定性因素,要尊重百姓的问政权,主张实行政务公开,强调民意沟通,以期实现"并治天下"的政治理想。

---

[1] 萧永宏:《王韬与郑观应交往论略——兼及王韬对郑观应思想之影响》,《江苏社会科学》2016年第5期。

读懂天下为公

在考察对比西方各国的政体后,王韬提出:"泰西之立国有三:一曰君主之国,一曰民主之国,一曰君民共主之国。"他分析了这三种政体各自的利弊:"君为主,则必尧舜之君在上,而后可久安长治;民为主,则法制多纷更,心志难专一。究其极,不无流弊。惟君民共治,上下相通,民隐得以上达,君惠亦得以下逮,都俞吁咈,犹有中国三代以上之遗意焉。"在王韬看来,君主立宪制有天下为公的遗风,是推翻君主专制后最为理想的政治制度。郑观应在《盛世危言》中也提出:"君主者权偏于上,民主者权偏于下,君民共主者权得其平。"郑观应还提出立宪法、开议会的主张,以期通过宪法规范君主权力,通过议会塑造统一意志。早期改良派对君主立宪制的主张,体现出其民权思想的初步萌芽,对近代中国资产阶级民主思想的形成与发展具有重要启蒙意义。

世界大同的发展趋势。王韬和郑观应自幼接受传统儒家教育,具有深厚的国学功底,后又吸纳西方资本主义国家的先进思想,视野逐渐开阔。面对三千年未有之变局,王韬和郑观应从不同维度阐释了他们对于世界大同的理解。王韬将西方国家的科学技术进步视作世界大同的前提条件,提出"今日欧洲诸国日臻强盛,智慧之士造火轮舟车以通同洲、异洲诸国,东西两半球足迹几无不遍,穷岛异民几无不至,合一之机将兆于此"。此外,王韬还以鸦片战争后的时局为背景,借助"屈久必伸,否极必泰"的"天道循环"学说,系统论证了世界各国盛衰强弱演变的基本规律,由此构筑了一幅走向世界大同的新图景。王韬认为,西人东来是"一道同风"的道化世界形成之始,中国应以此为契机,争做大同世界的引领者。在王

第一章
天下为公的历史根脉和思想演变

韬的"循环论"体系中,学习西方、变法自强并不是这一理论的落脚点,实施"王道"、"以德立国"、"以仁守位",构建繁荣兴盛的德化社会,进而在此基础上建立一个以孔子之道主宰全球的"一道同风"的道化世界,才是"循环论"的价值旨归。① 受到王韬"循环论"的影响,郑观应也提出世界大同的设想。郑观应借用孟子"定于一"的观点,将世界视作一个整体,把各国共同的价值观抽象出来作为国际交往准则,从而实现"六合之外,八荒之内,礼齐德道,偃武修文,合天下万国含生负气之伦,无一物不得其所,然后天之心始大安,圣人之心始大慰"的理想境界。

2. 何启、胡礼垣的民权思想

何启、胡礼垣是近代中国具有代表性的启蒙思想家,他们曾在近代中国最早宣传"公平"思想,提出"公与平者,即国之基址也。公者无私之谓,平者无偏之谓也。公则明,明则以庶民之心为心,而君民无二心矣;平则顺,顺则以庶民之事为事,而君民无二事矣"。在《新政真诠》一书中,何启、胡礼垣提出"民权乃立国之真诠,而君宪则最宜之政体"的政治主张,并设计了一整套特色鲜明、系统完备的社会改革方案。

何启、胡礼垣的民权思想是中国传统民本思想和西方天赋人权思想相融合的时代产物。"夫天下公器也,国事公事也;公器公同,公事公办,自无不妥,此选议员辟议院之谓也。"同鸦片战争之后的

---

① 萧永宏:《王韬与郑观应交往论略——兼及王韬对郑观应思想之影响》,《江苏社会科学》2016 年第 5 期。

大多数经世思想家一样，何启、胡礼垣希望通过开议院、兴民权，通上下之情，聚众人之志，以践行"公"的理想。但较为特别的是，何启、胡礼垣借对民众"自主之权"的讨论，更深入地介绍了西方天赋人权的思想："是故为国之大道，先在使人人之有自主之权，此不特为政治之宏规，亦且为天理之至当。"他们所言的"自主之权"在某种程度上借鉴了西方话语体系中关于保障生命权、财产权、个人自由的相关内容，同时融合了儒家的道德理想。"一家之内，人人有自主之权，则其俗清；一国之内，人人有自主之权，则其国宁；环宇宙之内，人人有自主之权，则天下太平。"何启、胡礼垣所强调的自主之权，一方面是内圣的自我修炼，另一方面则是治国平天下的公共责任。

作为近代中国民权思想的倡导者，何启、胡礼垣阐明了君民共主的本质。"横览天下，自古至今，治国者惟有君主、民主以及君民共主而已。质而言之，虽君主仍是民主，何则？政者民之事而君办之者也，非君之事而民办之者也。事既属乎民，则主亦属乎民。"在论及民权的重要地位时，何启、胡礼垣提出："谓国而无民权，无异于谓天之无日月。天无日月，人必不以天视天；国无民权，人不必以国视国矣。"他们将民权之于国家的重要价值比作日月之于天地的不可或缺，体现出民权在国家盛衰、民族兴亡中的决定性意义。"民权者，合一国之君民上下而一其心者也"，"外国之势之所以雄者，以四五千万人合为一人；中国之势之所以弱者，以四万万人散为一人也"。在何启、胡礼垣看来，中西强弱的根本差别在于民权，要想

第一章
天下为公的历史根脉和思想演变

挽救中国、摆脱列强压迫,"兴民权、改民主"是唯一的出路。①

(三)资产阶级维新派的天下为公思想

甲午战争失败后,民族危机日渐加深。以康有为、梁启超为代表的维新派,以变法图强为口号,提倡向西方学习,变革制度。维新派在总结早期改良派的思想主张和实践经验的基础上,提出一整套变法维新的理论。康有为将儒家公羊学的"三世说"与西方的进化论思想结合起来,提出建立一个没有阶级、一切平等、天下为公的大同世界。康有为的大同设想对于认识封建帝制的腐朽和推动中国传统文化的转型具有重要的意义。

公理世界的价值思辨。在儒家的价值体系中,"公"具有三重含义:对于个人而言,家即是公;对于家庭而言,国家即是公;对于国家而言,天下即是公。康有为想要建构的"公",旨在推翻现实中存在的不平等制度,建立没有贵贱、贫富、人种、性别之分的"无差别"世界。他提出,"公者,人人如一之谓,无贵贱之分,无贫富之等,无人种之殊,无男女之异。分等殊异,此狭隘之小道也;平等公同,此广大之道也。无所谓君,无所谓国,人人皆教养于公产,而不恃私产,人人即多私产,亦当分之于公产焉"。在康有为看来,家、国和个人受爱、亲、利的限制,都有各自的边界,形成了私的伦理规范,这不利于公理世界的建立,阻碍社会进化。"天下国家身,此古昔之小道也。夫有国、有家、有己,则各有其界而自私之。

---

① 李欣然:《"政"在体、用之间——"西政"对晚清"中体西用"典范的冲击》,《清华大学学报》2022 年第 5 期。

读懂天下为公

其害公理而阻进化，甚矣。惟天为生人之本，人人皆天所生而直隶焉。凡隶天之下者皆公之，故不独不得立国界，以至强弱相争。并不得有家界，以至亲爱不广。且不得有身界，以至货力自为。故只有天下为公，一切皆本公理而已。"康有为以"天为生人之本"为基点，认为人不应该隶属于一国、一家，进而完成了从天理向公理的转变，并为公天下的观念建构起形上的基础。①

公理世界的实现路径。站在公理的价值立场上，康有为对国家的正当性进行反思。康有为认为，"国士之所为，仅私其国，而圣人之所为，乃为天下。当国界分明之时，众论如饮狂泉，群盲共室，但知私其国，不知天下为公。至国界既平时，即觉其私愚可笑。今欧美诸国并立，其论议行事，自私其国，而不求天下公益，与战国同，故有议孔孟之学为天下学，而无国家学者。夫圣人以天下为一体，何为独亲一国，而必独私之哉？"在康有为看来，要想真正实现天下为公，必须摒弃基于国家利益而发生的争杀，破除国家之间的边界。康有为梳理了建立公理世界的实现步骤，"今欲至大同，先自弭兵会倡之，次以联盟国纬之，继以公议会导之，次第以赴，盖有必至大同之一日焉"。康有为还列出了联合邦国的三种形式，分别对应据乱世、升平世、太平世，并提出通过公政府的建立实现国家间联合体向大同世界的过渡。"公政府既立，国界日除，君名日去。渐而大地合一……略如美、瑞。于是时，无邦国，无帝王，人人相亲，人人平等，天下为公，是谓大同。"

---

① 干春松：《康有为〈大同书〉对国家价值的反思和世界秩序的设想》，《哲学门》2016 年第 1 期。

第一章 天下为公的历史根脉和思想演变

（四）资产阶级革命派的天下为公思想

近代以后，太平天国运动、义和团运动、维新变法等民族救亡运动，都以失败告终。以孙中山、黄兴、章太炎、邹容为代表的一批新兴资产阶级和小资产阶级知识分子开始登上历史舞台，走上革命道路，形成资产阶级革命派。

孙中山借鉴了西方资产阶级的革命理论，同时继承和发扬了天下为公的思想精髓，创立了三民主义。孙中山在题为《三民主义》的演讲中提出："真正的三民主义，就是孔子所希望之大同世界。"他还进一步论述道："我们三民主义的意思，就是民有、民治、民享。这个民有、民治、民享的意思，就是国家是人民所共有，政治是人民所共管，利益是人民所共享。照这样的说法，人民对于国家，不只是共产，一切事权都是要共的。"孙中山的天下为公思想主要反映在他所倡导的民权论、公仆论和真富论三个方面。

民权论。孙中山所生活的年代，战乱频仍，民生凋敝，中华民族陷入内忧外患的深渊，中国人民处于水深火热的悲惨境地。孙中山高扬反对封建专制统治的旗帜，主张以民主共和取代封建帝制。在他的设想中，人民是国家的主人，是最有权力管理国家事务的，"夫中华民国者，人民之国也。君政时代，则大权独揽于一人，今则主权属于国民之全体，是四万万人民即今之皇帝也"。孙中山提出，帝国是家天下，东家生产赚了钱只归一人；民国是公天下，公司生产赚了钱股东都有份。孙中山奋争"民国是大家都有份的，我们是中华民国的人民，便是中华民国的主人翁"，国家主权应归属于全体

读懂天下为公

国民，国家重大事务应由人民来管理。孙中山还创造性地提出"权能分治"的理论，认为"国家的政治，根本上要人民有权；至于管理政府的人，便要付之于有能的专门家"。此外，孙中山还将人民和政府分别比作工程师和机器，政府这一国家机器由人民设计，并为人民劳作，体现出其鲜明的民权理念。

公仆论。1912年1月，孙中山就任临时大总统，自称"人民公仆"，从而确认以人民为本位。孙中山在《建国方略》中指出："国中之百官，上而总统，下而巡差，皆人民之公仆。"孙中山认为，要使官员真正成为人民的公仆，就必须革除官僚政治的遗毒，做到一心为公。他号召革命党人："平日立志，应该想做大事，不可想做大官。如果存心做大官，便失去党员的真精神！"为了落实人民公仆观念，孙中山以临时大总统名义颁布命令，废除老爷称呼，废除磕头礼节；强调人民一律平等，人民是主人；等等。这带来了思想的大解放，对后世也产生了重要影响。[①]

真富论。孙中山的天下为公思想不仅要求政治上的平等，而且提出经济地位平等的要求。"民生主义，就是要人人有平等的地位去谋生活。"与资本主义的营利目的相别，孙中山主张的民生主义带有明显的社会主义倾向，旨在实现社会财富的公平分配，消除贫富差距。孙中山认为，实行平均地权，让耕者有其田，就能解决阻碍社会进步的根源，使社会进步的利益为国民所共享。孙中山强调："人民平等，虽有劳心劳力之不同，然其为劳动则同也。即官吏与工人，不过以分业之关系，各执一业，并无尊卑贵贱之差也。"

---

① 张海鹏：《人民公仆观念之百年嬗变》，《人民日报》2013年12月1日第5版。

第三节　天下为公的思想精髓

两千多年来，中国历代思想家、政治家站在各自所代表的阶级立场上，对天下为公的思想内涵作出丰富阐释，实现天下为公成为多个学派构建价值体系、搭建理论框架的出发点和落脚点。天下为公是中华优秀传统文化一以贯之的理想追求，反映了一种文化与政治共识。

一、天下为公的政治理念

东汉政论家荀悦在《申鉴》中提出："天下国家一体也，君为元首，臣为股肱，民为手足。下有忧民，则上不尽乐；下有饥民，则上不备膳；下有寒民，则上不具服。徒跣而垂旒，非礼也。故足寒伤心，民寒伤国。"荀悦用人的身体部位来比喻国家的构成，认为君、臣、民是相互联系的有机统一体。天下为公的政治理念立足社会公共意志，着眼于国与民、君与民、君与臣的相互关系，为一国的良政善治提供了价值遵循。

（一）民为邦本的核心原则

民为邦本是中华民族数千年治国理政的优秀政治经验，是天下为公之道在国家治理领域的彰显。回顾古代历史，无数明君贤臣践行民为邦本的治理思想，造福一方百姓，成就盛世王朝：汉有文帝渐次免租，固本安民，开创文景之治；唐有太宗秉持"为君之道，必须先存百姓"的理念，成就贞观之治；蜀郡太守李冰主持修建都江堰，润泽天府两千年；杭州知州苏轼疏浚西湖、筑建堤坝，解决西湖葑田淤积的问题。

民心向背决定政权的合法性和国家的稳固性。在中国传统政治思想中，君权并不等于天下的所有权，而是天下的治理权。人民是国家的主人，治国之权是人民赋予的，执政者是人民选择的，治理权的本质是代表人民整体利益的公权力的统一。《淮南子·氾论训》曾对民心政治作出深刻阐述："治国有常，而利民为本；政教有经，而令行为上。苟利于民，不必法古；苟周于事，不必循旧。"治国理政虽有古法可依、有常规可循，但还是要以民众的需求为根本，以解决民众的问题为导向，在政治上爱民重民，在经济上利民惠民，在文化上教民安民。

"天下何以治？得民心而已！"要想实现民心归附、国泰民安，必须首先了解民众需要什么，倾听民众的心声。顾炎武提出："天下有道，则庶人不议，然则政教风俗，苟非尽善，即许庶人之议矣。"又说："天下风俗最坏之地，清议尚存，犹足以维持一二。至于清议亡而干戈至矣。"为了解社会状况，历代统治者采取派出风俗使者、巡视官员，邀请民间人士顾问对话，甚至微服私访等方式，考察民情，为国家决策提供建议。汉代著名的盐铁会议邀请社会贤良参加，就盐铁是否官营等问题与官方公开辩论。晋、唐、宋等朝代设有登闻鼓、诽谤木、华表木等，以接纳、知晓民意。明代朱元璋规定人人都有至御前奏闻的权利，以达到"广耳目，防壅蔽，而通下情"

之目的。①《国语》有训:"防民之口,甚于防川。"邵穆公劝谏周厉王:让人说话,国家政事的好坏才能真正反映出来,从而推行善政、防范败亡,使百姓财用增多,丰衣足食。可周厉王听不进忠臣的劝告,也拒绝接纳民众的意见,最终惨遭流放。因此,要实现天下为公,必须做到以人民之心为心、以天下之利为利,与民同甘苦、共忧乐。

(二)为政以德的治国方略

国无德不兴,人无德不立。道德对一个国家、一个民族、一个社会而言,具有不可替代的重要价值。以德治国则国家兴,以德为官则官风正,以德新民则人民安,以德和天下则世界大同。中国古代治国理政向来提倡德政、仁政,主张以教化作为管理民众的主要手段,认为道德教化相对于法律和政令具有价值选择的优先性。通过构建仁义礼智信的道德体系来规范和引导民众的思想和行为,从而在潜移默化间把这种道德体系内化为民众自身所固有的品质。"道之以政,齐之以刑,民免而无耻;道之以德,齐之以礼,有耻且格。"正是立足于为政以德的价值基点,古代中国逐渐形成了宽猛相济、礼法合治、德主刑辅的治理模式。

道之以德,德主刑辅。《尚书》载:"皇天无亲,惟德是辅;民心无常,惟惠之怀。"在天人合一的基本思维框架下,人类社会的统治权力和权威来自"天"。统治的本质是"天"挑选出有德者,授予天命,委任他代"天"牧民。一旦统治者失德而虐民,"天"就收回

---

① 卜宪群:《选贤与能 政在养民》,《学习时报》2019年12月6日第7版。

天命，撤销委任，降下祸乱，其统治也随之终结。[①] 如果说，"天命"是一种外在的客观性、虚幻的政权合法性基础，那么，"德"则是人的内在主体性、合法性基础。[②] 唯有"敬德"，方可"保民"，拥有天下。发轫于西周的敬天保民思想着眼于天命不常的观念，要求统治者敬德、勤政、慎罚，选任美德之士施政，致力于恤民、保民，以期获得"天"的护佑，长久地维系统治。

齐之以礼，礼让为国。《礼记》道："民之所由生，礼为大。非礼无以节事天地之神也，非礼无以辨君臣、上下、长幼之位也，非礼无以别男女、父子、兄弟之亲，婚姻、疏数之交也。君子以此之为尊敬然。"礼是中国古代社会长期存在的、旨在维护宗法血缘关系和宗法等级制度的一系列精神原则和言行规范的总称，在中国古代社会中发挥着"经国家、定社稷、序民人、利后嗣"的关键作用，是国家政治制度的基础。礼不仅是社会政治的等级规范、日常行为的评判标准，而且是民族融合的催化剂。在各民族交往交流的过程中，礼超越方言、风俗，搭建了一座文化认同的桥梁。

（三）选贤与能的用人标准

"为政之要，惟在得人，用非其才，必难致治。"人才是治国理政之要，什么样的人才是国家需要的，如何有效选拔人才，如何让人才各尽其能，是政治家一直探讨的问题。

官员贤德与否关系到君主的正邪劳逸，关系到民风的善恶厚

[①] 刘力耘：《"为政以德"的历史内涵、实践和当代价值》，《旗帜》2023年第2期。
[②] 乔清举：《民为邦本、为政以德》，《光明日报》2023年7月5日第10版。

第一章
天下为公的历史根脉和思想演变

薄，关系到国家的治乱兴衰。上古时期，尧帝用大舜，商汤用伊尹，文王用太公，武王用周公，这些君主有贤德之臣的辅佐，因此成为天下共主。春秋时期，齐桓公用管仲，晋文公用舅犯，楚庄王用孙叔敖，秦穆公用百里奚，这些诸侯国君任用的皆是干将能臣，因而称霸天下。而夏桀亲近干辛、推哆，商纣亲近崇侯虎、恶来革，周厉王听信荣夷公、厉公长父，周幽王听信傅公夷、蔡公谷，这四位末代之君任用奸邪之臣，葬送了国家的前途。对比这些王天下、霸天下与亡天下的君主，证实了《说苑》中所言的："无常安之国，无恒治之民。得贤者则安昌，失之者则危亡。自古及今，未有不然者也。"

在中国古代的政治实践中，选贤与能已成为历代统治者公认和推崇的治国之道。然而，由于制度设计的局限、宗族关系的牵绊、统治者的个人好恶等的影响，任人唯贤往往会被任人唯亲、任人唯利取代。《墨子·尚贤下》对此有生动的解释：王公贵族们对于修理坏弓、医治病马、剪裁衣料、屠宰牛羊，知道选用良匠、兽医、裁缝和屠夫，纵然自己有骨肉至亲，也不会让他们来做，就是唯恐用人不当损坏了财物；然而，当治理国家时，他们却不假思索地举荐任用骨肉至亲、无故富贵和美貌之人。可见，这些王公贵族对公共事务的重视远远不及私人领域。纵观历史上的王朝更迭、兴亡得失，可以看出，真正做到任人唯贤并非易事。

为了更好地保障人才的选拔任用，统治者推出各种制度措施。其一，完善吏制。从春秋战国时期的荐举用人制到秦汉初期的功劳用人制，从汉代的察举制到魏晋南北朝的九品中正制再到隋唐的科举制，选官制度从散漫走向系统，从主观认定走向客观考试，选人用人逐步制度化。其二，德先才后。"才者，德之资也；德者，才之帅也。"执政者清醒地认识到"心术不善，纵有才学何用"的基本道理，将德先才后原则贯彻到选人、用人、考核过程中。其三，人尽其才。唐太宗在与封德彝的对话中提出"君子用人如器，各取所长"，通过招募与自荐相结合的方式定向选拔人才。①

二、天下为公的社会理想

天下为公、大同世界的理想，向世人展现了美好社会的愿景。大同社会坚持富民为始的治国之道、均平扶弱的损益之道、重义兼利的索取之道，形成了促进社会发展、维护社会稳定的一系列价值准则和伦理规范。

（一）富民为始的治国之道

治国之道，富民为始。从屈原"长太息以掩涕兮，哀民生之多艰"的感慨，到杜甫"安得广厦千万间，大庇天下寒士俱欢颜"的憧憬，再到孙中山"家给人足，四海之内无一夫不获其所"的夙愿，都反映出中华民族对摆脱贫困、丰衣足食的向往。富民厚生是天下为公的物质前提，也是民为邦本的内在要求。

富国与富民是中国古代经济伦理关注的一对首要关系。儒家反对聚敛财富、与民争利，主张藏富于民。据《论语·先进》记载，

---

① 卜宪群：《选贤与能 政在养民》，《学习时报》2019年12月6日第7版。

第一章
天下为公的历史根脉和思想演变

季氏比周公还富有,然而冉有还要帮着季氏聚敛财富,孔子以此宣布冉有"非吾徒也",并号召其他学生"鸣鼓而攻之"。荀子也分析了财富分配与国家兴亡之间的关系,并对聚敛财富提出严厉的批评和警告:"聚敛者,召寇、肥敌、亡国、危身之道也。"《史记》提出,"使食禄者不得与下民争利,受大者不得取小",主张食俸禄的官吏不与普通百姓争利,享受大福之人不与百姓争取小利。可见,我国古代经济伦理始终将富民摆在首位,以此作为处理国家与百姓经济关系的首要准则。

百姓是国家经济发展的基础性力量。古人非常重视富民厚生在治国理政中的作用。孔子说:"百姓足,君孰与不足?百姓不足,君孰与足?"管仲提出:"凡治国之道,必先富民。民富则易治也,民贫则难治也。"北宋程颐也认为:"为政之道,以顺民心为本,以厚民生为本,以安而不扰为本。"关于如何富民,古人主张使民以时和轻徭薄赋。孔子认为:"道千乘之国,敬事而信,节用而爱人,使民以时。"大意是,统治者要节约财政开支,仁爱百姓,征用民力要尊重农时,不可耽误百姓耕种、收获的时间。孟子也十分重视发展生产和轻徭薄赋,提出"易其田畴,薄其税敛,民可使富也"。此外,在百姓富足之后,还要对其进行教化,"富而不教,则近于禽兽。故必立学校,明礼义以教之"。

(二)均平扶弱的损益之道

天道均平、博施济众是古代中国社会治理的公共准则。管仲认为,"法令之不行,万民之不治"的根源在于"贫富之不齐",治国需要奉行俭约节用的理念，遵从均平扶弱的损益之道，才能真正做到爱民、养民、利民。

均平思想是中国古代思想家对缓解贫富分化、维系社会稳定进行的方案设计。① 从"哀多益寡，称物平施"到"天之道，损有余而补不足"，从康有为关于社会财富的分配以及社会分工的设计到孙中山的平均地权，等等，"公有均平"一直是中华优秀传统文化的重要命题。孔子提出："不患寡而患不均，不患贫而患不安。盖均无贫，和无寡，安无倾。"均平思想为汉朝打击偷漏税的"告缗令"、北宋王安石的"方田均税法"等制度提供了思想基础。

博施济众、扶危济困是中华民族的优良传统。我国是世界上自然灾害严重的国家之一，洪涝干旱、地震滑坡、低温冷害等各种自然灾害频发，导致鳏寡孤独废疾贫等弱势群体的存在成为一种常态。历代统治者、思想家、政治家以及民间士绅、百姓群策群力，建立了囊括弃婴养育、助学济困、贫病救治、养老善终、理丧恤葬、失业救济在内的社会保障体系。除了政府的社会保障、宗教的慈善事业，宗族内部的互救互助也是社会保障体系的重要组成部分。在"睦族敬宗"的旗号下，家族内部设有祭田、族田、婚田、义庄、义田、义塾、贡士庄等，在族内成员遭遇生养、学业、贫病和婚丧嫁娶等方面困难时加以救济。自北宋范仲淹创置义田以来，名目繁多的族内社会救济的保障方式，扶助了宗族内的鳏寡孤独和贫穷者，分担了许多社会成员的生存风险。②

---

① 庞虎：《共同富裕的文化基础》，《治理研究》2022 年第 2 期。
② 陈延斌：《中国传统家训的公益教化》，《光明日报》2014 年 3 月 4 日第 16 版。

第一章
天下为公的历史根脉和思想演变

（三）重义兼利的索取之道

仁义道德与物质利益的关系问题即义利之辩，是中国古代经济伦理高度重视的另一个命题。在历代先贤的多次辩论和阐述中，古人在关于利益和道义的价值取向上达成共识，"义利相兼，以义为先"成为中国传统文化鲜明而独特的价值准则和精神标识。

重义轻利，先义后利。在义与利孰轻孰重、谁先谁后的问题上，我国古代出现了重义轻利、先义后利和重利轻义、先利后义两种观点与态度，主流观点特别是儒家认为义重于利，主张先义后利。[1]孔子在《论语·里仁》中提出"君子喻于义，小人喻于利"的观点，对"义利"之分给出明确的价值判断，为后世儒家的"义利"思想确立了基本的价值准则。[2]儒家的重义轻利，其核心要义在于反对"见利忘义"，要求做到"见利思义"。《荀子·大略》写道："义与利者，人之所两有也。虽尧、舜不能去民之欲利，然而能使其欲利不克其好义也；虽桀、纣不能去民之好义，然而能使其好义不胜其欲利也。故义胜利者为治世，利克义者为乱世。"荀子"义利两有"的主张，既克服了片面追逐自身利益、见利忘义的自私与狭隘心理，又避免了片面推崇"存天理、灭人欲"所导致的自我压抑的消极倾向。在儒家的义利之辩中，民众通过努力获得自身的利益是人性之所在，也是民众的基本权利。

君子爱财，取之有道。在如何获得和保有财富上，古人主张要

---

[1] 刘宗涛：《富民厚生与义利兼顾中的经济伦理》，《中国纪检监察报》2023年7月4日第8版。

[2] 冯峰：《义利相兼，以义为先》，《光明日报》2018年9月4日第11版。

"取之有道""乐善好施"。《大学》提出"货悖而入者,亦悖而出"的观点,认为不义之财是怎样得来的,就会怎样失去。孔子在《论语·里仁》中讲道:"富与贵,是人之所欲也,不以其道得之,不处也。"孔子承认求取富贵是人们的正常欲望,但是一定要取之有道。在获得和保有财富的方法上,古人除了强调要取之有道外,还主张富有之后要懂得回馈社会,只有乐善好施,才能获得和保有更多财富。

三、天下为公的世界秩序

中国作为一个长期统一的多民族大国,文明不曾中断,主体疆域能够保持相对稳定,而且随着时间的推移,民族融合不断深入,统一的基础日益巩固,这在整个世界范围内是绝无仅有的。中华民族自古以来就有胸怀天下、协和万邦的宽广胸怀,并作为一种深厚的民族精神与文化基因赓续传承,历久弥新。

(一)和合共生的哲学传统

"和合"思想是中国儒家、道家、墨家、阴阳家等文化流派相互碰撞、相互渗透、彼此融合的产物,是独具东方智慧的哲学范畴和思维方式。

《礼记·中庸》提出:"中也者,天下之大本也;和也者,天下之达道也。致中和,天地位焉,万物育焉。"和合指不同事物之间的关系状态,正如《易经》所言"乾道变化,各正性命",具体来讲,就是承认不同事物之间的差异性和多样性,强调差异中的一致、矛盾

第一章
天下为公的历史根脉和思想演变

中的统一。和合在承认事物差异性、多样性的基础上，把落脚点放在不同事物彼此共存、相互交融、共同发展上，诚如《易经》所述"与天地合其德，与日月合其明，与四时合其序，与鬼神合其吉凶"。

"万物并育而不相害，道并行而不相悖。"展开历史长卷，从赵武灵王胡服骑射，到北魏孝文帝汉化改革；从"洛阳家家学胡乐"，到"万里羌人尽汉歌"；从边疆民族习用"上衣下裳""雅歌儒服"，到中原盛行"上衣下裤"、胡衣胡帽；以及今天随处可见的舞狮、胡琴、旗袍；等等，无不展现了各民族文化的互鉴融通。我国各民族在文化上相互尊重、相互欣赏，相互学习、相互借鉴，共同创造了丰富灿烂的中华文化。在互动和融合过程中，各民族在文化上取长补短，在经济上互通有无，在宗教信仰上兼容并包，在婚姻上互相通婚，生活习俗的差异也逐渐弥合，血缘逐步融为一体。通过多次民族迁徙和融合，北方少数民族与中原汉人融合，南方少数民族与南迁的中原汉人融合，加速了全国各民族的大融合。在当代中国，无论哪一个民族，其血缘和文化的来源都是多元的。每一次民族大互动、大融合并不是简单重复，而是螺旋式上升。每一次大融合之后，无论少数民族还是汉族，均以新的面貌、新的姿态出现，促进中华文明不断向前发展。①

（二）协和万邦的交往之道

亲仁善邻、协和万邦是中华文明一贯的处世之道。对"和"的

---

① 何星亮：《中华民族在互动融合中形成和发展》，《人民日报》2016 年 7 月 22 日第 7 版。

推崇,产生了"亲仁善邻,国之宝也"的价值观念,体现为讲信修睦、天下一家的交往之道。自古以来,中华民族就以协和万邦、和衷共济的宽广胸怀,自信而又大度地同域外民族交往,进行文化交流,谱写了"万里驼铃万里波"的浩浩丝路长歌,创造了"万国衣冠会长安"的盛唐气象。中华民族以开放的姿态继续走向未来,有着深厚的文化根基。

协和万邦是指古代有贤德的君主,通过实行仁政,将天下诸侯都聚集在自己周围,以实现不同部族、不同国家、不同民族的融合和文化上的涵化。《尚书·尧典》载:"克明俊德,以亲九族;九族既睦,平章百姓;百姓昭明,协和万邦。"协和万邦理念是一个由小及大、由近及远的思想体系。从弘扬个人品德,使家族和睦;到协调百姓,实现社会和睦;进而协调万邦诸侯,实现天下为公。在中华文明史上,协和万邦的理念一脉相承,促进了民族的融合和大一统国家的建立,集中体现着中国人特有的天下观。

协和万邦的天下观,蕴含"和气",氤氲"和风",彰显中华文明源远流长的"和"文化。在中国历史上,有开拓精神和政治理想的王朝,在民族和外交政策上,无不奉行协和万邦、四海一家的理念。战国时期,部族方国与诸侯封国林立,人们希望彼此之间化干戈为玉帛,能够和平安宁。秦始皇统一中国后,以和为贵、实现万国咸宁逐渐成为中国处理与他国邦交关系的原则。[1] 唐太宗在对待夷狄问题上,秉持开明的态度,指出"夷狄亦人耳,其情与中夏不殊"。

---

[1] 滕文生:《构建人类命运共同体是世界发展的历史必然》,《人民日报》2019年1月11日第9版。

第一章
天下为公的历史根脉和思想演变

正是有这样高远的民族和外交见解,才使唐王朝成为历史上最开放、最包容的王朝之一。周边原本不在中华文化圈内的民族,也纷纷内附于唐,尊奉太宗为"天可汗"。康熙针对臣下请其修长城、防边患的问题,说道:"帝王治天下,自有本原,不专恃险阻……可见守国之道,惟在修德安民,民心悦,则邦本得,而边境自固,所谓众志成城是也。"这充分体现了"大同"的治理之道。① 中国与周边和远方国家总体上长期保持和平交往的友好关系。这样的外部环境,也是中国能够成为东方文明主要缔造者的重要历史条件。

(三)九州共贯的统一思想

九州共贯、多元一体的大一统思想是古代国家观和天下观的思想内核。西汉时期,在董仲舒的建议下,汉武帝实行"罢黜百家、独尊儒术"的"大一统"思想统治政策。汉宣帝时,长期受儒家思想熏陶的王吉提出有计划、有步骤地进行移风易俗的教化工作,使天下政令法规贯通,这就是"六合同风,九州共贯"的共同体理念。"九州"的概念最早出自《尚书·禹贡》,是传说中的中国上古地理区域,用于指代中国。"贯"本义为古代穿钱的绳索,古代的铜钱用绳穿,每一千个为一贯,引申为"穿、通、连"义,皆内含统一义。除了物质层面的贯穿,贯还可以指精神、传统或思想体系贯穿始终的特质,如《论语·里仁》中称"吾道一以贯之"。"九州共贯"以地理观念为依据和前提,"多元一体"则在此基础上强调包容和融合。一个既一体又多元的高层次认同的民族复合体,各民族可以各

---

① 宋玲:《"大同"理想的文化解读》,《学习时报》2021年1月8日第7版。

自发展原有的特点，形成多语言、多文化的整体，奠定了多民族联合的中华民族"大一统"的不可分割的统一体的局面。[①] 中华民族各民族你中有我、我中有你，谁也离不开谁的共同体意识，以及由此形成的共同价值追求和文化心理结构，就是一直以来"九州"所"共贯"的精神内核。

从古至今，天下一统都是中华民族的共同理想。那么，大一统的世界是依靠哪些原则构建起来，以确保秩序的呢？西周早期著名的青铜礼器"何尊"的底部铸有一篇122字的铭文，其中有"宅兹中国"一句，这是迄今为止发现的"中国"一词最早的来源。当时"中国"的范围仅指周王直属的地区，然后以此为中心向四方扩张，通过甸服、侯服、宾服、要服、荒服"五服制"把天下统一起来。秦汉以后，"五服制"的具体内容虽有所变化，但按照与中原王朝亲疏关系来维持天下一统秩序的精神从来没有改变。这种天下一统的秩序，建立在夷夏观和王霸观基础之上。夷夏观是处理天下各族群关系的理论，王霸观则是如何建立天下秩序的理论。[②]

中国的政治传统推崇"以德服人""近悦远来""远人不服，则修文德以来之"，不是以战争向外征服扩张，而是以文治教化提升文化影响力。中国虽然追求和谐共生的大同社会，但并不希冀用武力或者宗教，强行将不同民族或者种族归入"王化"之内，而是倡导和而不同的理念，对于他者的文化与制度，给予相应的理解和尊重。唐律关于"化外人相犯"有这样的规定："诸化外人，同类自相犯

---

① 时世平：《九州共贯、多元一体》，《光明日报》2023年7月6日第2版。
② 蔡晓：《中华文明的独特精神标识》，《农民日报》2022年7月16日第5版。

第一章
天下为公的历史根脉和思想演变

者,各依本俗法;异类相犯者,以法律论。"该条律文的"疏议"为:"'化外人',谓蕃夷之国,别立君长者,各有风俗,制法不同。其有同类自相犯者,须问本国之制,依其俗法断之。"唐律是当时世界上最先进的法律,但是唐王朝并不因之骄矜自许,必使在唐之化外人强行之,而是尊重各化外人本俗。只有当双方并非同一文化者,方才适用属地管辖,以唐律断之。① 这充分体现了传统中国各美其美、美人之美的气度。正所谓和而不同,方能天下大同。

四、天下为公的道德境界

在中华优秀传统文化中,无论是"天下兴亡,匹夫有责"的家国大义,还是"修身、齐家、治国、平天下"的人生追求,抑或是"己所不欲,勿施于人"的推己及人,修身立德强调的从来不只是在私人领域做好小事、管好小节、做到"独善其身",更要在公共领域关爱他人、承担责任、追求"宽仁大义"。天下为公不仅表达着公权力的生成逻辑和政道指向,而且昭示着对为政者本身的德行要求,即坚持克己奉公,用公权力为天下人谋福祉。②

(一)推己及人的忠恕之道

为了实现天下为公的理想,生活在一起的人们必须休戚与共,协

---

① 宋玲:《"大同"理想的文化解读》,《学习时报》2021年1月8日第7版。
② 刘占虎:《大同,协和万邦的价值信念》,《中国纪检监察报》2017年5月19日第5版。

读懂天下为公

同一致,有明确的社会意识,这就从个人修身方面提出要求。每个人首先要心存仁爱、恭敬谦和、遵道守礼,然后将仁爱之心推己及人。

"推己及人"出自朱熹《与范直阁书》,可解释为用自己的心意去推想别人的心意,指设身处地替人着想,强调的是一种对待别人的态度。春秋时期,有一年冬天齐国下大雪,三天三夜没停。齐景公披了一件狐腋皮袍,坐在厅堂赏雪景,觉得景致新奇,盼望再多下几天。晏子走近,若有所思地望着雪景。景公说:下了三天雪,一点都不冷,真有点像春暖时节啊!晏子看景公的皮袍裹得很紧,就有意追问:真的不冷吗?景公点点头。晏子接着说:听闻古之贤君,自己吃饱了还要去想想有没有人饿着,自己穿暖了还要去想想有没有人冻着,自己安逸了还要去想想有没有人累着。可是,您怎么不去想想别人啊!景公被晏子说得一句话也答不出来。此谓推己及人。它体现的是一种广阔胸襟和博大情怀,是待人处世的根本原则和优秀品质。

孔子曾说"吾道一以贯之",曾子称这个"一"贯之道无非就是"忠恕"而已。忠,克己修己;恕,推己及人。在古代中国,"一"意味着整体思维。人们认为世界原初状态是"太一",现实世界由"太一"化生而来。孔子说,"夫礼,必本于太一";又说,"有天地然后有万物",然后有男女、夫妇、父子、君臣、上下,然后"礼仪有所错"。处理这些两两相对的关系,需要有忠恕之道,需要有"一"的思维,由修己而推己。[1] "己欲立而立人,己欲达而达人。"较之于个人的修身,推己及人更强调人对社会的责任。承担责任的

---

[1] 杨朝明:《用儒学智慧助力世界和平》,《人民日报》2020年9月28日第15版。

第一章
天下为公的历史根脉和思想演变

路径,就是孟子所谓的"老吾老以及人之老,幼吾幼以及人之幼",由自己推演开去,尊重他人的生命与人格尊严。① 追寻"天下大同",向人们提出了心存"一体之仁"的内在要求。天人合一的宇宙观是中华文化的核心思想,发始于自然规律,并指导人类行为,有助于消除人们心中对立和自私的观念,达到人与人、人与社会、人与自然和谐共生。王阳明在《大学问》中进一步阐释:"大人者,以天地万物为一体者也。其视天下犹一家,中国犹一人焉。""大人"能融天地万物与己为一,无物我分别之心,怀有"无我"的境界,因此能做到仁者爱人,己所不欲,不施于人。②

(二)克己奉公的自律意识

"以至公无私之心,行正大光明之事",克己奉公、克勤克俭始终是中华传统美德的重要内容。在公私之辩上,中国传统文化的主导政治思维方式是崇公抑私,投射到个人修养方面就演变为克己奉公、廉洁自守的精神追求。

"克己奉公"出自史学家范晔编纂的《后汉书·祭遵传》,其中写道:"遵为人廉约小心,克己奉公,赏赐辄尽与士卒,家无私财。"祭遵是个极讲原则之人,为官清廉,处事公道,深受汉光武帝刘秀的赏识。他战功卓著,却将自己平时所得赏赐悉数给予士卒部下,"家无私财,身衣韦裤,布被,夫人裳不加缘";临终前,"问以家

---

① 宋玲:《"大同"理想的文化解读》,《学习时报》2021年1月8日第7版。
② 葛斯青:《赓续天下为公天下大同的社会理想》,《中国纪检监察报》2023年7月18日第8版。

事，终无所言。任重道远，死而后已"，被范晔赞曰"清名闻于海内，廉白著于当世"。中华文化是尚群的文化，小到家庭，大到国家、民族，都是群，而群就是公。对于公和私的关系，应以公为先；人和己的关系，应以人为先。① 从舜帝践行"只为苍生不为身"，到韩非子提出"明主之道，必明于公私之分"，再到苏轼写下"治身莫先于孝，治国莫先于公"，无不说明国家兴盛之道在于统治者以广大民众为重心；为官理政之要，是做到两袖清风、一身正气，克己奉公、勤政为民。

　　涵养克己奉公、清廉自守的境界是每个人义不容辞的分内之事。清代学者张鉴在《浅近录》中记录了这样一则故事：宋高宗时期，大臣孙樊进宫朝见皇帝，当两人谈到有关官吏如何做到公正廉明的问题时，宋高宗问："何以生公？"孙樊回答说："廉生公。"宋高宗又问："何以生廉？"孙樊答曰："俭生廉。"持俭，方能守廉、兴廉；为官清正廉明，己心光明，就一定能做到克己奉公、正直无畏。一钱太守、二不尚书、三汤道台、四知先生、五代清郎……历史上众多良吏能臣展现出的"苟非吾之所有，虽一毫而莫取"的境界，跨越历史长河，闪耀着人格的光辉。

（三）内圣外王的人格追求

　　"天下之本在国，国之本在家，家之本在身。"修身是齐家、治国、平天下的起点，是实现天下为公的前提。内圣外王之道作为一种以道德理想主义为基础的政治理念，将政治人格化、伦理化，把

---

① 田心：《克己奉公　以俭修身》，《中国纪检监察报》2022 年 1 月 14 日第 5 版。

第一章
天下为公的历史根脉和思想演变

人格修养当作实现王道理想的根本途径。

"内圣外王"最早出自《庄子·天下》。庄子有感于"内圣外王之道,暗而不明,郁而不发;天下之人,各为其所欲焉,以自为方",主张"备于天地之美,称神明之容""配神明,醇天地,育万物,和天下,泽及百姓"。虽然内圣外王最早是由道家提出的,但是这一思想后来成为儒家一贯奉行的人格理想和经世路向。内圣外王是儒家关于人格理想与实现王道政治的核心思想。内圣,就是加强自我修养,追求圣贤气象,践行君子人格,修身养德,做一个有德行的人;外王,就是经世济民,治国理政,注重政绩,做一个有事功的人。内圣和外王的统一,就是德行和事功的结合,内在世界与外在世界的结合,被视为理想人格的体现。[①]

内圣外王追求的是圣贤气象,在现实世界的追求则体现为一种君子人格,这种君子人格刚柔并济,内外兼通,乾坤合一,正所谓"天行健,君子以自强不息""地势坤,君子以厚德载物"。儒家君子的行为乃是"刚健有为"的行为,是"知其不可为而为之"的坚韧与执着。张载的"四句教"很好地表达了历代儒家一直强调的天下使命的含义:"为天地立心,为生民立命,为往圣继绝学,为万世开太平。"可以说,儒家肩负的使命不为一世,不为一时,而是为万世开太平。立德、立功、立言"三不朽"是中华优秀传统文化所崇尚的人生目标,是内圣外王的追求。在中国历史上,有许多这样的大儒,如范仲淹、王阳明、曾国藩等,他们不仅自身修养境界高,而

[①] 沈小勇:《"内圣外王"的理想人格追求》,《学习时报》2017年5月1日第4版。

且在事功上有建树,成为真正"三不朽"的大儒。①

《大学》所谓"物格而后知至,知至而后意诚,意诚而后心正,心正而后身修,身修而后家齐,家齐而后国治,国治而后天下平",即修身是齐家、治国、平天下的起点,是实现天下为公的前提。"修齐治平"由内向外,层层推开,层层递进,体现了一种从心灵秩序到社会秩序的演进过程。

---

① 沈小勇:《"内圣外王"的理想人格追求》,《学习时报》2017年5月1日第4版。

第二章

马克思主义的价值理想与天下为公的契合性

第二章
马克思主义的价值理想与天下为公的契合性

20世纪初,马克思主义传入中国后,深刻改变了中国,为中国革命、建设和改革提供了强大思想武器。为什么从西方传来的马克思主义能够在一个有着悠久历史和深厚文化底蕴的文明古国生根、发芽、开花和结果呢?为什么中国深受儒家思想影响的知识分子能够接受马克思主义,并运用马克思主义的立场、观点和方法来解决中国的实际问题呢?

首先,最主要的原因就是马克思主义适应当时中国社会的需要。1840年鸦片战争以后,由于帝国主义和封建主义相互勾结,中华民族的独立和生存受到极大威胁,中国逐步沦为半殖民地半封建社会,封建传统政治思想也遭遇挑战。传统的儒家思想在当时既不能抵御帝国主义的侵略,又不能推翻封建强权的腐朽统治,于是,深受儒家思想影响的知识分子便把求助的目光投向当时发展势头强劲的西方社会,企图从那里找寻到救国救民的真理。在探索救国救民道路的艰辛过程中,依赖拜上帝会这一宗教体系的太平天国运动失败了,以资产阶级改良主义为指导的戊戌变法失败了,以资产阶级民主革命纲领为指导的辛亥革命也宣告失败。这时候,发生在1917年的俄国十月革命使迷茫沮丧中的中国知识分子看到了变革的希望,马克思主义这一强大的思想武器从此正式传入中国,并指导着中国的革命、建设和改革。当然,与马克思主义在同一时期进入中国的社会思潮还有很多,如实证主义、自由主义、乌托邦主义、无政府主义等，但是这些思潮只能流行一时，它们因无法解决当时中国社会所面临的实际问题而逐渐被淘汰。只有马克思主义能够为中华民族的独立和中国人民的解放指明正确的方向和道路，因此只有马克思主义在中国是能够行得通的。其次，马克思主义与中华优秀传统文化具有相通之处。美国学者窦宗仪讲："大凡一种思想体系和制度要移植到另一种思想体系和制度内，两者如果越接近就越容易开花结果，两者如果差距过大，那就很难适应。历史上的两种文化的交融演变，大致都遵从这个历史法则。"[①]正因如此，马克思主义才能够在深受儒家思想影响的中国知识分子中得到认可并逐渐被接受，也才能够在中国的具体实践中不断发挥理论的指导作用。

探究天下为公的思想意蕴，不能将其孤立地放在中国传统文化的历史长河中，亦不能脱离中西文化发展交流的历史背景。马克思主义与中华优秀传统文化虽然是处于不同理论层次、具有思想文化差异的两种根本相异的"文化—意识形态体系"[②]，其中，马克思主义和中华优秀传统文化中关于天下为公的思想也都有着各自鲜明的特质，是不同时代、不同地域的不同思想理论成果和智慧结晶；但是，如果深入价值理想层面，特别是反思西方现代化模式所造成的人类文明发展困境，便可知马克思主义与中华优秀传统文化在价值理想层面具有一定的相通性和契合性。习近平总书记在文化传承发展座

[①] ［美］窦宗仪：《儒学与马克思主义》，刘成有译，兰州大学出版社1993年版，中文本序言第1页。

[②] 张允熠：《中国文化与马克思主义》，山西教育出版社1999年版，自序第9页。

第二章
马克思主义的价值理想与天下为公的契合性

谈会上指出:"马克思主义和中华优秀传统文化来源不同,但彼此存在高度的契合性。"① 从价值理想层面来看,马克思主义的世界历史思想、人类解放理论以及共产主义理想与中华优秀传统文化中天下为公的思想深相契合。

本章将通过对马克思主义经典作家思想理论的梳理,分析马克思主义的价值理想与中华优秀传统文化中天下为公思想会通和交融的结合点,从而帮助读者更好地理解和把握二者的契合性,为新时代新征程实现天下为公而继续奋斗。

第一节 马克思主义的世界历史思想与天下为公的价值理念相契合

马克思主义的世界历史思想揭示了近代以来人类历史由各民族的相对独立发展走向全面的相互交往、相互作用、相互影响,世界逐步走向一体化的过程和趋势。马克思主义的世界历史思想内涵丰富,归纳起来主要有三个方面:一是从生产力的发展和世界普遍交往的扩大这一历史转变的动力出发,系统地探讨了人类从民族历史跨越到世界历史的大趋势;二是在资本主义条件下,世界历史的发展带来了全球范围内不同国家或地区发展不平衡的问题;三是马克思晚年基于对俄国农村公社的特征、现状、前景及其同资本主义社

---

① 习近平:《在文化传承发展座谈会上的讲话》,《求是》2023年第17期。

会的互动关系的分析，提出跨越"卡夫丁峡谷"的设想，认为一些发展落后的国家可以不经过资本主义阶段而直接进入社会主义社会。世界历史思想是马克思主义唯物史观的重要组成部分，体现了马克思主义的世界历史视野和宏大格局，这一思想与中华优秀传统文化中天下为公的价值理念有着相通性和高度契合性。

一、世界的整体性：人类历史从民族历史转向世界历史与民族融合统一的公天下

马克思指出："某一个地方创造出来的生产力，特别是发明，在往后的发展中是否会失传，取决于交往扩展的情况。当交往只限于毗邻地区的时候，每一种发明在每一个地方都必须重新开始。"[①]可见，民族之间的交往程度决定了不同文明的沟通、交流和发展，也决定了人类社会所处的历史阶段。在人类社会早期，由于生产力发展和科学技术水平的落后，不同地域、不同民族很难克服地理环境的差异，因此，各民族基本上都是在各自封闭、独立的环境中从事相应的生产活动。这种人类社会早期各民族独立发展的历史，是如何转变为现代的全世界各民族交往逐渐扩大、关联程度越来越高的世界历史的呢？沿着马克思的思路，我们可以发现，促使这种由民族历史转向世界历史的背后动因是多方面的。"政治、经济和文化的发展，都会不同程度地影响到历史向世界历史的转变；各种社会历史主体——民族国家、社会团体、个人——都会不同程度地

---

① 《马克思恩格斯全集》第 3 卷，人民出版社 1960 年版，第 61 页。

第二章
马克思主义的价值理想与天下为公的契合性

对这一过程起到促进作用。"① 也就是说,影响人类历史从民族历史转向世界历史的根本动因是综合的、多样的,同时是物质的、实践的。马克思指出:"历史向世界历史的转变,不是'自我意识'、世界精神或者某个形而上学幽灵的某种纯粹的抽象行动,而是完全物质的、可以通过经验证明的行动,每一个过着实际生活的、需要吃、喝、穿的个人都可以证明这种行动。"② 马克思把"世界历史"的概念置于客观的现实发展过程中,认为历史产生的前提必须是有生命的个人,这些个人为了维持生命,通过从事一定的生产活动,满足自己的吃、穿、住等基本生存需求,这便构成人类历史的第一个活动。

随着生产力的不断发展,生产活动的逐渐扩大,人与人之间的联系越来越紧密,交换也越来越频繁,资本主义的出现更是使这种民族与民族、人与人之间的联系广泛化。可以说,在资本主义生产方式下,生产力不断发展的必然结果就是世界历史的形成,这主要体现在以下两点。

一是世界市场的形成是民族历史向世界历史转变的关键原因。世界历史是建立在生产力不断发展基础上的世界交往和世界市场不断扩大的必然结果。正是由于生产力的发展和积累,世界交往的范围越来越大,正如马克思所说:"历史不外是各个世代的依次交替。每一代都利用以前各代遗留下来的材料、资金和生产力;由于

---

① 曹荣湘:《马克思世界历史理论与当代全球化》,中央编译出版社2006年版,第81页。
②《马克思恩格斯选集》第1卷,人民出版社2012年版,第169页。

这个缘故，每一代一方面在完全改变了的环境下继续从事所继承的活动，另一方面又通过完全改变了的活动来变更旧的环境。"[1] 可见，各个世代，人们都在不断从事物质生产活动，随着生产力的不断发展和积累，人们之间的交往范围也日益扩大，"各个相互影响的活动范围在这个发展进程中越是扩大，各民族的原始封闭状态由于日益完善的生产方式、交往以及因交往而自然形成的不同民族之间的分工消灭得越是彻底，历史也就越是成为世界历史"[2]。在马克思看来，人类历史从民族历史向世界历史的转变是同社会生产力的普遍发展和交往范围的扩大密不可分的。伴随着生产力的发展和交往范围的扩大，初步形成了一种世界性的分工以及在分工基础上建立的世界市场。在工业生产方面，表现为本国生产所需的原料需要他国供应，并且本国所生产的产品也流通到世界各地供各国人民消费和使用，正如马克思、恩格斯在《共产党宣言》中所提到的，"这些工业所加工的，已经不是本地的原料，而是来自极其遥远的地区的原料；它们的产品不仅供本国消费，而且同时供世界各地消费"[3]，这必然会推动世界范围内贸易的发展以及世界市场的形成。同时，由于资产阶级开拓了世界市场，为了使一切国家的生产和消费能够成为世界性的，这种"不断扩大产品销路的需要，驱使资产阶级奔走于全球各地。它必须到处落户，到处开发，到处建立联系"[4]。此

---

[1]《马克思恩格斯选集》第1卷，人民出版社2012年版，第168页。
[2]《马克思恩格斯选集》第1卷，人民出版社2012年版，第168页。
[3]《马克思恩格斯选集》第1卷，人民出版社2012年版，第404页。
[4]《马克思恩格斯选集》第1卷，人民出版社2012年版，第404页。

第二章
马克思主义的价值理想与天下为公的契合性

外,世界市场的形成,使世界各国、各民族之间在经济、政治、文化方面的联系也越来越紧密,"过去那种地方的和民族的自给自足和闭关自守状态,被各民族的各方面的互相往来和各方面的互相依赖所代替了"①。因此,世界市场的形成打破了原来封闭的、狭隘的、孤立的民族历史,代之以各地区、各民族交往关系越来越紧密的世界历史。

二是资本追求扩张的本性是民族历史向世界历史转变的内在原因。资本主义社会的核心要素就是资本,它是整个社会得以运转的轴心。那么,到底何为资本?马克思指出:"资本不是物,而是一定的、社会的、属于一定历史社会形态的生产关系,后者体现在一个物上,并赋予这个物以独特的社会性质。"②可见,资本不仅仅是一般的物质财富,更体现为资本主义社会中人与人之间的一种关系。例如,原料、厂房、机器等都是资本家所拥有的资本,这些资本在不断的运动中得以增殖,这种资本的价值增殖恰是以资本家剥削雇佣工人为基础的,反映了一种剥削与被剥削的社会生产关系。了解资本的根本性质,有助于我们更好地理解资本无限扩张的特征。正是由于资本家对利润的无止境追求,他们需要通过资本的无限扩张来获取利润,而逐渐积累起来的资本实力也使资本家拥有了超越自身应有权力的政治权力,由此伴随资本扩张的就是资本主义的剥削压迫、专制统治。资本的扩张能力在使资本家拥有更多专制权力的同时,使资本的生产和商品销售的范围进一步扩大,从而使市场从国

---

① 《马克思恩格斯选集》第1卷,人民出版社2012年版,第404页。
② 《马克思恩格斯文集》第7卷,人民出版社2009年版,第922页。

内走向国外，形成世界市场。正如马克思、恩格斯在《共产党宣言》中所作的生动描述："资产阶级，由于开拓了世界市场，使一切国家的生产和消费都成为世界性的了。使反动派大为惋惜的是，资产阶级挖掉了工业脚下的民族基础。古老的民族工业被消灭了，并且每天都还在被消灭。它们被新的工业排挤掉了，新的工业的建立已经成为一切文明民族的生命攸关的问题。"①

马克思主义的世界历史思想展示了历史向世界历史转变的人类历史发展趋势，体现了世界各民族联系日益紧密、人类社会相互依存程度越来越高的特点。马克思主义的世界历史思想与中国传统文化中的天下为公思想有着相通之处。虽然马克思、恩格斯并没有明确提出天下为公的观点，但是马克思主义的世界历史思想同天下为公所蕴含的世界整体性思想不谋而合。

中华优秀传统文化中的天下为公指向一种"公天下"的观念，这与传统的"家天下"观念截然不同。所谓的"公天下"实际上就是指，随着民族之间的交往交流交融的加深，民族的历史朝向"天下"的历史、世界的历史发展，民族、地域的界限被打破，各民族、各国家之间建立了普遍联系。在中国古人眼里，"天下"并非仅指地理意义上的"中国"，即"中原"之地，也包含四夷，即中原以外的少数民族地区和更远范围的朝贡各国，涵盖地理学意义上的"天底下所有土地"，可以看作人类居住的整个世界。天下为公的首要含义就在"公"。"公"和"私"是一对辩证的概念。《韩非子·五蠹》载："自环者谓之私，背私谓之公，公私之相背也，乃苍颉固以知之

---

① 《马克思恩格斯选集》第1卷，人民出版社2012年版，第404页。

矣。"这里的"私"就是指围着自己绕圈子，而"公"和"私"是相反的概念，与"私"相背的即是"公"，也就是说，理解"公"就需要跳出"私"的自我封闭的小圈子，以更大的格局和更广阔的视野去待人接物。在天下为公思想中，"公"的概念必然蕴含着一种"公天下"的政治制度构想。在尧舜禹时期，一个个部族国家从分散的、不稳定的状态走向形式统一、超越部族血缘的族邦联盟，并逐步形成更大范围、超越族邦限制的华夏民族，这就是"公天下"的雏形。可以说，早在尧舜禹时期，中国人就已经意识到民族融合统一的必然趋势，这与马克思主义的世界历史思想有着高度相似性。在《孟子·离娄章句上》中，"天下国家""天下之本在国，国之本在家，家之本在身"的"天下"也含有多国并立或者联合的意思，是中国人对于世界秩序的一种理解和想象。因此，在中华优秀传统文化视域下，天下为公包含着世界整体性的含义，意味着古人注重国与国、民族与民族之间的整体关联，观照世界范围内群体之间、社会之间、国家之间的紧密关系。

二、促进共同发展：克服民族界限和民族偏见与天下为公、协和万邦

人类历史从民族历史转向世界历史的过程，实际上就是人类历史从封建主义的地域性历史转向由资本主义开启的世界历史的过程。在这一过程中，封建主义的历史地域性逐渐被资本主义的历史世界性所代替，原来封建国家在某个孤立、封闭的地理空间中生存和发

展的历史事实也逐渐在资本主义走向全世界的过程中趋于消失。正如马克思所指出的,资本主义的发展"既要克服民族界限和民族偏见,又要克服把自然神化的现象,克服流传下来的、在一定界限内闭关自守地满足于现有需要和重复旧生活方式的状况。资本破坏这一切并使之不断革命化,摧毁一切阻碍发展生产力、扩大需要、使生产多样化、利用和交换自然力量和精神力量的限制"[①]。也就是说,资产阶级利用资本的力量为世界性的交往创造了一定的物质基础和前提,开启了世界历史的进程。那么,为什么资本主义的发展能够开启资本主义的世界历史?资本主义的世界历史又会带来什么样的必然结果?世界历史又终将朝向何处去?这些问题是马克思对于世界历史的重要思考,也引导着我们在当下经济全球化的历史大势中思考全人类发展的出路和方向。

资本主义世界历史的兴起,本质上是外向扩张型的资本主义市场经济的兴起。随着各个资本主义国家在本国生产的商品越来越多,其生产所需的原材料也越来越依赖其他国家,因此,它们不得不将目光投向全世界,将大量生产的商品销往其他国家,并从其他国家进口原材料。由此,资本主义国家与世界市场的紧密程度日益加深,与其他国家的经济交往也越来越密切。伴随着各国之间经济利益交融的日益紧密,各资本主义国家开始通过一些强硬的对外政策和手段维护其海外经济利益,如利用暴力手段进行殖民征服、发动侵略战争等。一方面,针对自然经济占据主导地位、生产力落后的国家和地区,资本主义国家为了进一步扩大世界市场,不惜发动侵略战

[①]《马克思恩格斯全集》第46卷上,人民出版社1979年版,第393页。

第二章
马克思主义的价值理想与天下为公的契合性

争来实现其资本扩张的目的;另一方面,针对其他资本主义国家,因争夺商品市场和原料产地而发生政治和军事上的冲突,这种资本主义国家间的战争也是资本主义世界历史发展的必然结果。

换言之,资本主义世界历史的兴起和发展,必然促使资本主义国家加紧对外扩张、谋求世界霸权。英国对中国发动的两次鸦片战争,就是资本主义国家在开拓世界市场时推行殖民主义的典型例证。英国政府一手操控的对华鸦片贸易,起初在中国只是一种正常的经济贸易往来,当时,"中国法律许可鸦片作为药品输入,每箱鸦片抽税3美元左右"[1]。但随着英国资本主义的发展,为了扩大海外市场、掠夺生产原料,英国把侵略矛头指向中国,两国的贸易由起初的经济行为最终演变为英国政府的政治侵略行为。正如马克思所说:"这种贸易,无论就可以说是构成其轴心的那些悲惨冲突而言,还是就其对东西方之间一切关系所发生的影响而言,在人类历史记录上都是绝无仅有的。"[2] 由英国政府发动的对华鸦片贸易和鸦片战争体现了西方资本主义国家在民族历史向世界历史的转变过程中,以资本的国际扩张为理由对弱国实行的一种"海盗式的掠夺"和"海盗式的战争",这种掠夺和战争的本质就是通过强国对弱国的殖民,使落后农业国依附于西方资本主义工业强国。

资本主义世界历史的形成和发展,虽然打破了狭隘的地域、民族界限的束缚,推动了世界生产力和交往关系的不断发展,但由于资本主义世界历史必然服从于资本家无止境地追求剩余价值的欲

---

[1] 《马克思恩格斯论中国》,人民出版社2018年版,第69页。
[2] 《马克思恩格斯论中国》,人民出版社2018年版,第69页。

望，因此会在推动人类文明进步的同时造成严重的全球性问题。正如马克思所指出的，"资产阶级借以在其中活动的那些生产关系的性质决不是单一的、单纯的，而是两重的；在产生财富的那些关系中也产生贫困；在发展生产力的那些关系中也发展一种产生压迫的力量"①。马克思在充分肯定资本主义开启的世界历史对于推动人类文明进步的积极作用的同时，明确指出资本主义在开拓世界历史的进程中充满了强国对弱国的暴力和殖民压迫，这也是一种以西方资本主义国家为中心，其他弱小落后国家为边缘的世界体系的形成过程。在马克思看来，由资本主义开拓的世界历史所形成的以"中心—边缘"为基本特征的世界体系是一种不平等的体系，即资产阶级"正像它使农村从属于城市一样，它使未开化和半开化的国家从属于文明的国家，使农民的民族从属于资产阶级的民族，使东方从属于西方"②。因此，资本主义由于其内在无法调和的矛盾，它所开拓的世界历史也只能是世界历史进程中的最初形式，而促进世界历史朝向公平公正方向发展的只能是无产阶级的革命运动，无产阶级的历史使命就是率先起来同资产阶级进行革命斗争，"推翻一切旧的生产关系和交往关系的基础"③，打破资本主义世界历史所造成的国家、民族、城乡之间的尖锐对立，推动世界历史朝着公正、和平的方向发展。

资产阶级在开拓世界市场的过程中造就了一个以西方资本主义

---

① 《马克思恩格斯选集》第1卷，人民出版社2012年版，第234页。
② 《马克思恩格斯选集》第1卷，人民出版社2012年版，第405页。
③ 《马克思恩格斯选集》第1卷，人民出版社2012年版，第202页。

第二章
马克思主义的价值理想与天下为公的契合性

国家为中心的资本主义世界体系,将资本主义生产方式及其内在矛盾外化为整个世界范围内不发达国家同发达国家的矛盾,而世界历史的进一步发展必须破除这一矛盾。通过深入分析可以发现,马克思主义关于资本主义世界历史的思想实际上与天下为公所蕴含的中国传统的天下观具有相通之处。

首先,二者在摒弃等级差异和民族差异方面具有相通性。中国传统的天下观所提倡的"天下为公""协和万邦"正是要破除封建统治所造成的等级差异,主张在实现各国和睦相处的同时,实现"天下为公"。唐太宗认为,治国理政应摒弃华夷之辨与夷夏之防,强调华夷一家,他说:"人主患德泽不加,不必猜忌异类。盖德泽洽,则四夷可使如一家。"唐太宗强调了君主不应拘泥于种族的差异性,应以开明和包容的德治,密切民族关系,促进民族之间的融合和发展,从而实现华夷亲如一家。在中国古人眼里,尽管不同民族、不同国家在规模上有大小之分,在力量上有强弱之分,在财富上也有贫穷与富有之分,但是中国人历来强调"以至诚为道,以至仁为德",始终坚持民族、国家之间无论大小、强弱、贫富都一律平等。

其次,二者都有着不同民族、不同国家应共享发展的理念。在《六韬·文韬》中,周文王向姜太公请教治国之道,姜太公回答说:"天下非一人之天下,乃天下之天下也。同天下之利者,则得天下;擅天下之利者,则失天下。天有时,地有财,能与人共之者,仁也。仁之所在,天下归之。免人之死,解人之难,救人之患,济人之急者,德也。德之所在,天下归之。与人同忧同乐,同好同恶者,义也。义之所在,天下赴之。凡人恶死而乐生,好德而归利，能生利者，道也。道之所在，天下归之。"姜太公首先阐明了"天下非一人之天下，乃天下之天下也"的重要命题，指出那些能同天下所有人共享天下利益的人，才可以取得天下；而那些独占天下利益的人，则必然失去天下。要想实现"天下归之"，就必须从"仁""德""义""道"四方面着手。这实际上体现了中国传统的天下观，即认为天下并非一家一姓独有，而是天下臣民所共有，并在此基础上提倡一种共享发展的理念。中国传统的天下观所蕴含的这种利益共享、共同发展的思想实际上与马克思主义破除资产阶级世界历史性内在矛盾的思想相通。正是由于资本无限制逐利这一特性，资产阶级理所当然地认为所有经济利益都应该独属于他们，因此在开发世界市场的过程中，通过剥削压迫、暴力殖民等手段，造成发达国家与落后国家的严重不平等和尖锐的对立关系。马克思主义正是要打破这种不平等，破除这一对立关系，超越资产阶级的世界历史性，从根本上消除国家利益的斗争，从而满足全人类的普遍利益。

再次，二者在指向一种和睦融洽的社会政治秩序方面具有相通性。在天下为公思想主导下形成的是一种"不独亲其亲，不独子其子"的大同社会，而在天下为家思想主导下形成的是一种"各亲其亲，各子其子"的社会。由此可见，大同社会适配"天下为公"的仁爱精神，这种无限的仁爱超越了"天下为家"的社会政治秩序下的有限的私爱，打破了由此导致的不同利益集团间互相争斗、无法和解的状态。这与马克思主义的世界历史思想中对资本主义构建的"中心—边缘"的世界体系的批判实际上是一致的。马克思清楚地认识到，资本主义开拓的世界历史必然带来发达国家与不发达国家的尖锐对立和矛盾，因此强调世界历史应朝着共产主义的方向发展。

三、历史发展的多元化：跨越"卡夫丁峡谷"与天下和而不同

马克思对人类历史由民族历史向世界历史转变的考察，始终是在一个整体过程中予以动态的把握。在马克思看来，由于资本无止境地逐利以及毫无限制地国际扩张，资本主义开拓的世界历史最终造成了发达国家与不发达国家的尖锐对立和矛盾，世界体系也由此成为以资本主义国家为中心的体系。资本主义世界历史所造成的这种无法调和的矛盾，只能在世界历史的进一步发展中予以解决。马克思认为，真正的世界历史必然要以"生产力的普遍发展和与此相联系的世界交往为前提"[①]，也就是到共产主义阶段，世界历史才能全面形成。马克思对于世界历史发展道路的考察不是仅仅局限于揭露矛盾、提出任务，更是提出俄国可以不通过资本主义制度的卡夫丁峡谷，直接走上社会主义道路的设想，进一步拓展了关于世界历史发展道路的理论研究深度。

马克思关于俄国能够跨越"卡夫丁峡谷"的理论设想，揭示了社会发展道路的一般性与个别性、普遍性与特殊性以及促进社会发展的外部条件和内部条件的有机统一，其中蕴含的丰富的历史辩证意蕴反映了像俄国这样的落后国家在世界历史发展的大趋势中，可以利用资本主义生产所取得的一切积极成果，在俄国农村公社自由

---

① 《马克思恩格斯选集》第 1 卷，人民出版社 2012 年版，第 166 页。

发展的条件下实现跨越式发展，超越走向社会主义道路必然经过资本主义历史阶段的一般规律。

首先，马克思明确反对用自己关于西欧资本主义起源、发展、衰败及灭亡的理论来考察说明世界不同民族发展道路的做法。1877年10月至11月，马克思写下《给〈祖国纪事〉杂志编辑部的信》，信中指出，"关于原始积累的那一章只不过想描述西欧的资本主义经济制度从封建主义经济制度内部产生出来的途径"[1]，如果有谁"一定要把我关于西欧资本主义起源的历史概述彻底变成一般发展道路的历史哲学理论，一切民族，不管它们所处的历史环境如何，都注定要走这条道路，——以便最后都达到在保证社会劳动生产力极高度发展的同时又保证每个生产者个人最全面的发展的这样一种经济形态。但是我要请他原谅。(他这样做，会给我过多的荣誉，同时也会给我过多的侮辱)"[2]。在马克思看来，不同民族、国家在自身具体的发展过程中由于影响其发展的特殊因素不同，因此呈现出多样性的特点。马克思在1881年3月给俄国女革命家维·伊·查苏利奇的复信中也明确提到其有关资本主义的发展理论仅"限制在西欧各国的范围内"[3]，强调不要在西欧以外的民族和国家运用这个理论。正是由于"俄国农民手中的土地从来没有成为他们的私有财产"[4]这一特殊事实，从而使俄国的发展道路不同于西欧国家的发展道路。

---

[1]《马克思恩格斯选集》第3卷，人民出版社2012年版，第729页。
[2]《马克思恩格斯选集》第3卷，人民出版社2012年版，第730页。
[3]《马克思恩格斯选集》第3卷，人民出版社2012年版，第820页。
[4]《马克思恩格斯选集》第3卷，人民出版社2012年版，第821页。

第二章
马克思主义的价值理想与天下为公的契合性

其次,马克思从俄国农村公社所固有的二重性出发,考察了俄国农村公社跨越"卡夫丁峡谷"的可能性。马克思在《给维·伊·查苏利奇的复信》初稿部分提出俄国农村公社不同于较古类型的公社,它具有一种固有的二重性,即"一方面,公有制以及公有制所造成的各种社会联系,使公社基础稳固,同时,房屋的私有、耕地的小块耕种和产品的私人占有又使那种与较原始的公社条件下不相容的个性获得发展"①。这就是说,俄国农村公社固有的二重性即为公有制因素和私有制因素的并存,这种二重性在赋予农村公社强大生命力的同时,"可能逐渐成为公社解体的根源"②。因此,农村公社面临两种道路选择,"或者是它所包含的私有制因素战胜集体因素,或者是后者战胜前者"③。两种道路都取决于它所处的历史环境。马克思在经过对俄国特殊国情的考察后,认为俄国当时的土地公有制、独有的土地天然优势以及农民长期以来已经习惯于劳动组合关系等条件,使农民从小地块劳动过渡到集体劳动成为可能。但同时马克思又清醒地认识到,俄国农村公社由于受专制统治者和新生资产阶级的不断打击而几乎陷入绝境,"由于国家的财政搜刮而被削弱得一筹莫展的公社,成了商业、地产、高利贷随意剥削的任人摆布的对象"④。也就是说,马克思认为俄国农村公社由于特殊的国情优势具备公有制因素战胜私有制因素的可能性,从而使农村公社成

---

① 《马克思恩格斯选集》第3卷,人民出版社2012年版,第824页。
② 《马克思恩格斯选集》第3卷,人民出版社2012年版,第824页。
③ 《马克思恩格斯选集》第3卷,人民出版社2012年版,第824页。
④ 《马克思恩格斯选集》第3卷,人民出版社2012年版,第827页。

读懂天下为公

为"俄国社会新生的因素和一种优于其他还处在资本主义制度奴役下的国家的因素"①，但这要求必须推翻现实中打击农村公社的专制统治和新生资产阶级力量，并借助资本主义生产的积极成果，促使俄国农村公社实现跨越式发展。

再次，马克思结合当时世界历史发展的整体状况，提出俄国农村公社是同西方资本主义生产"同时存在的东西"②，因此"俄国可以不通过资本主义制度的卡夫丁峡谷，而把资本主义制度所创造的一切积极的成果用到公社中来"③。这是俄国农村公社能够实现跨越"卡夫丁峡谷"的外部世界历史性条件，但是它归根结底只是一种理论上的设想，现实情况并不容乐观。只有解决实践中俄国农村公社无法自由发展的问题，才能使跨越"卡夫丁峡谷"的设想从理论走向现实。对此，马克思给出的答案是，"要挽救俄国公社，就必须有俄国革命"④，即通过革命的力量集中一切因素，保证农村公社的自由发展。在这种情况下，农村公社方可成为俄国社会新生的因素，并能够在吸收资本主义生产的积极成果的前提下，走向社会主义的世界历史道路。

马克思关于俄国可以跨越"卡夫丁峡谷"、实现社会主义的论述蕴含着浓浓的历史辩证意蕴，与天下为公所蕴含的和谐辩证思维有着高度契合性。

---

① 《马克思恩格斯选集》第3卷，人民出版社2012年版，第822页。
② 《马克思恩格斯选集》第3卷，人民出版社2012年版，第822页。
③ 《马克思恩格斯选集》第3卷，人民出版社2012年版，第825页。
④ 《马克思恩格斯选集》第3卷，人民出版社2012年版，第832页。

第二章
马克思主义的价值理想与天下为公的契合性

对于崇尚和谐的中华民族而言,中华优秀传统文化中的"天人合一""和而不同"等和谐思想始终影响着人们的思维方式,使人们在思考问题时更加注重从整体性出发,强调不同事物之间以及某一事物各要素之间的相互协调,从而在化解事物矛盾中达到一种最优化的和谐状态。中国古代辩证思维方法的实质就是从差异中找和谐,这里的和谐并不是指抹杀差异性,最终指向完全相同;而是指承认矛盾的特殊性,承认存在差异,并在差异中不断促成和谐。换言之,中华优秀传统文化中的和谐辩证思维方法强调"和而不同""求同存异",是在承认矛盾存在的前提下,促成矛盾的调和、统一,进而达成共赢的状态。这种和谐辩证思维是与西方资本主义国家所崇尚的竞争和斗争的文化大为不同的,正如马克思所揭露的,资本主义将"扯断人的一切类联系,代之以利己主义和自私自利的需要,使人的世界分解为原子式的相互敌对的个人的世界"①,体现了一种矛盾对立状态。

以天下为公作为价值理想的中国传统天下观蕴含着和谐辩证思维。天下为公之"为公"即是指天下从不偏私于一部分人,而应该为天下人所共享;天下为家是与天下为公相对立的一种社会秩序,指天下属于一家一姓,是世袭君主所拥有和统治的,也就是传统的"父传子,家天下"。相较于天下为家的社会秩序,天下为公从天下是一个整体的高度来说明天下应归属于谁的问题,其并不局限于一家一国,而是广阔无垠、至大无外的"天下"。在这种天下观里,并没有民族和国家内外有别的狭隘意识,而是充分尊重民族和国家本

---

① 《马克思恩格斯文集》第 1 卷,人民出版社 2009 年版,第 54 页。

就是多元一体的特性。天下为公思想对执政者提出兼容并蓄、和而不同的要求。执政者要能够兼听则明，以广阔的胸怀容纳不同的风俗习惯、价值观念，从而在多元一体的天下格局中"万物并育而不相害，道并行而不相悖"。这与马克思跨越"卡夫丁峡谷"的理论设想具有相通性。在马克思看来，世界是一个整体，在世界的整体性中又呈现出多样性和特殊性，表现为不同的国家有着各自的发展道路。马克思晚年对东方社会发展道路，特别是对俄国社会主义的发展所进行的深刻思考，就蕴含着特殊性与普遍性、个别与一般、民族性与世界性相统一的历史辩证思维。

第二节　马克思主义的人类解放理论与天下为公的价值旨归相契合

为人类求解放是马克思主义的鲜明主题，也是马克思终其一生的最高价值追求。早在中学时期，马克思就萌生了争取实现全人类解放的伟大抱负。他认为，青年在选择职业时，"应该遵循的主要指针是人类的幸福和我们自身的完美"，"如果我们选择了最能为人类福利而劳动的职业，那么，重担就不能把我们压倒"[1]。

马克思主义的人类解放理论内涵丰富，以揭示和把握人类社会发展规律为基础，在由人类的政治解放、经济解放、劳动解放、精

---

[1]《马克思恩格斯全集》第40卷，人民出版社1982年版，第7页。

第二章
马克思主义的价值理想与天下为公的契合性

神文化解放所创造的物质精神条件下,致力于引导人类从资本主义异化状态中解放出来,从而实现人的自由而全面的发展,建立起共产主义社会。人类解放理论是马克思主义的核心,体现了马克思、恩格斯及其后继者们对追求人类幸福和实现人类解放的深刻思考。这一理论与中华优秀传统文化中以"天下为公"为代表的中国传统天下观的价值旨归有着一致性和契合性。

一、价值立场:解放全人类与为天下人谋利益

马克思主义的人类解放理论是一个庞大而又精细的理论系统,包含政治解放、经济解放、劳动解放以及精神文化解放等不同维度,这些维度之间相互联系、相互作用,构成人类解放的主要实现路径。

首先,政治解放构成人类解放的历史前提。马克思在肯定政治解放的积极意义的同时,指出政治解放是有限度的,并由此提出人类解放理论。在马克思看来,"政治解放当然是一大进步;尽管它不是普遍的人的解放的最后形式,但在迄今为止的世界制度内,它是人的解放的最后形式"[①]。政治解放虽在人类历史上有着积极意义,但它只是将政治国家从宗教中解放出来,将市民社会从政治国家中分离出来,只是实现了国家的自由,还没有实现人的自由解放。马克思指出:"政治解放的限度一开始就表现在:即使人还没有真正摆脱某种限制,国家也可以摆脱这种限制,即使人还不是自由人,国

---
① 《马克思恩格斯文集》第 1 卷,人民出版社 2009 年版,第 32 页。

家也可以成为自由国家。"①在政治解放中，即使国家从宗教中解放出来，但是在市民社会领域仍然可能有许多人信奉宗教。简言之，政治解放只是形成了政治国家和市民社会二元化的结构。这种政治国家和市民社会的分离，使人过着一种双重的生活，即"在政治国家真正形成的地方，人不仅在思想中，在意识中，而且在现实中，在生活中，都过着双重的生活——天国的生活和尘世的生活。前一种是政治共同体中的生活，在这个共同体中，人把自己看做社会存在物；后一种是市民社会中的生活，在这个社会中，人作为私人进行活动，把他人看做工具，把自己也降为工具，并成为异己力量的玩物"②。因此，政治解放虽然是人类社会的一大进步，但是由于其使政治国家和市民社会分离，人会难以避免地为谋取利益而相互竞争。人在这种分离状态中不可能获得真正的平等和自由，也就无法实现自由发展。

其次，经济解放是人类解放的物质基础。在历史唯物主义视域下，物质生产是确保社会存在和发展的前提，人类只有通过物质生产实践活动，才能创造出所需的物质生活财富，人的解放也才能有坚实可靠的物质基础。在马克思看来，"'解放'是一种历史活动，不是思想活动，'解放'是由历史的关系，是由工业状况、商业状况、农业状况、交往状况促成的"③，因此，"只有在现实的世界中并使用现实的手段才能实现真正的解放；没有蒸汽机和珍妮走锭精纺

---

① 《马克思恩格斯文集》第1卷，人民出版社2009年版，第28页。
② 《马克思恩格斯文集》第1卷，人民出版社2009年版，第30页。
③ 《马克思恩格斯选集》第1卷，人民出版社2012年版，第154页。

第二章
马克思主义的价值理想与天下为公的契合性

机就不能消灭奴隶制;没有改良的农业就不能消灭农奴制;当人们还不能使自己的吃喝住穿在质和量方面得到充分保证的时候,人们就根本不能获得解放"①。资本主义社会的不断发展,带来了生产力和生产关系的巨大变化,但在资本主义私有制下,生产力和生产关系的巨大变化也造成人的异化、整个社会的异化。马克思在《1844年经济学哲学手稿》中对资本主义私有制所造成的人的异化现象展开批判,他认为,劳动作为人的类本质,本应是指自由自觉的活动,但是异化劳动使人的这种类本质被掩盖起来,并且表现为维持生活的一种外在手段。此外,资本主义私有制下的劳动生产也造成了人同自身的异化,"当人同自身相对立的时候,他也同他人相对立"②,即人和人之间呈现为一种完全异化的关系。经济解放的核心,就是消灭这种由资本主义私有制所造成的异化现象。只有废除私有制度,人同劳动产品的关系、人与人之间的关系才能还原为本来的状态,个体之间的生存竞争才能真正停止,人才能进入真正的解放状态。

再次,劳动解放是人类解放的内在动力。经济解放为人类解放创造物质条件和基础,劳动解放则是人类解放不容忽视的主体维度,为人类解放提供内在动力。谈到劳动解放,就必然涉及异化劳动,二者之间有着很深的关联,所谓的劳动解放也正是要使人从异化劳动的状态中解放出来。马克思通过分析资本主义的生产方式,揭示了异化劳动的不同规定,并论述了从异化劳动中解放出来对于人类

---

① 《马克思恩格斯选集》第1卷,人民出版社2012年版,第154页。
② 《马克思恩格斯全集》第42卷,人民出版社1979年版,第98页。

解放的重要意义。在马克思看来，异化劳动产生于资本主义私有制的压迫。在资本支配劳动的情形下，劳动者自身创造出来的劳动产品不属于劳动者，反而支配并控制劳动者的劳动，即"工人生产的财富越多，他的产品的力量和数量越大，他就越贫穷。工人创造的商品越多，他就越变成廉价的商品。物的世界的增值同人的世界的贬值成正比"①。这种异化劳动使本身应该自由自觉的劳动成为被迫和异己的，即"劳动对工人说来是外在的东西，也就是说，不属于他的本质的东西"②。马克思通过对异化劳动的分析，指明了在资本主义私有制条件下，物对人的控制，人与人之间原子式的生存状态——人在现实中受机器等资本的控制，由于生存需要而不得不参与利益角逐，使人的自由和解放变得不可能。因此，马克思在认识到异化劳动的本质的前提下，提出异化劳动的积极扬弃——劳动解放。劳动解放是人类解放的主体维度，也是实现彻底的人类解放的根本所在。当个体从劳动中获得解放，劳动者恢复自身的类本质，成为真正的劳动者时，才能构建起一个人人自由劳动、人人获得解放的共产主义社会。

最后，精神文化解放是人类解放要达到的最终精神境界。虽然马克思并未直接提及精神文化解放，但它也是人类解放不容忽视的一个重要维度。马克思对于资本主义社会的批判不是仅仅局限于经济、政治领域，还深入地批判了资本主义的文化。资本主义私有制在造成工人劳动异化的同时，造成工人精神文化的异化。这表现为

---

① 《马克思恩格斯全集》第42卷，人民出版社1979年版，第90页。
② 《马克思恩格斯全集》第42卷，人民出版社1979年版，第93页。

第二章
马克思主义的价值理想与天下为公的契合性

工人的所有生活都围绕着满足基本的生存需求而展开，他们为了维持基本的生活资料而放弃了精神文化需求，使自己的思想、意识、观念无法得到真正的、彻底的解放。资本主义私有制所导致的无产阶级精神文化的异化状态最终使无产阶级丧失精神生产资料，思想和精神都完全隶属于资产阶级，正如马克思所指出的，"统治阶级的思想在每一时代都是占统治地位的思想。这就是说，一个阶级是社会上占统治地位的物质力量，同时也是社会上占统治地位的精神力量。支配着物质生产资料的阶级，同时也支配着精神生产资料，因此，那些没有精神生产资料的人的思想，一般地是隶属于这个阶级的。占统治地位的思想不过是占统治地位的物质关系在观念上的表现，不过是以思想的形式表现出来的占统治地位的物质关系"[①]。因此，在马克思看来，要想真正改变这种被资产阶级精神文化垄断的局面，就必须依赖于现实物质生活的解放，通过无产阶级革命的现实途径，实现无产阶级的精神文化解放。

总之，马克思主义的人类解放理论实质上是将全人类利益作为价值基点，以实现全人类自由、解放和幸福为基本立场。这一基本立场同天下为公思想存在高度契合性。

"天下非一人之天下也，天下之天下也"，执政者应为天下人谋利益，而不是为一家一户、为某一个人谋利益，天下为公就是要有以天下为己任的公心。《吕氏春秋·贵公》写道："昔先圣王之治天下也，必先公，公则天下平矣。平得于公，尝试观于上志，有得天下者众矣，其得之以公，其失之必以偏。……天下非一人之天下也，

[①]《马克思恩格斯文集》第 1 卷，人民出版社 2009 年版，第 550—551 页。

天下之天下也。阴阳之和，不长一类；甘露时雨，不私一物；万民之主，不阿一人。"大意是，圣王治理天下，一定要把公正无私放在最前面。君主职位的设立，是为了给天下人谋利益，而不是对某一个人有所偏私，要施利于天下人而不是从天下人那里牟利。《淮南子·俶真训》中也有"世之主有欲利天下之心，是以人得自乐其间"的类似表述，大意是，天子有着为天下所有人谋取利益的心愿，所以能够使人们自得其乐于天地之间。这些都体现了中国传统天下观中最为质朴的价值立场和理想目标。中国古代社会追求的公天下不仅仅是在思想层面上的，更要求执政者在具体的执政举措中落实为天下人谋利益的理念。

此外，就人类解放的四个维度的主要内涵而言，二者也具有相通性。首先，在政治观念方面存在相似性。天下为公体现了中华优秀传统文化中的平等观。平等是为了保证天下人不受贵贱等级的影响，最大限度地实现"等贵贱，均贫富"，体现了几千年来中国人对自由、平等、幸福的价值追求。这种价值追求实际上同马克思认清了政治解放的限度后，主张通过人类解放使人摆脱一种原子式生存状态的理论是存在相似之处的。其次，在为人类谋利益方面存在一致性。天下为公指向公天下，即天下是所有人的天下，君主圣王理应为天下人谋利益，因此他们首先要解决的就是百姓的衣食住行问题。荀子说，"材万物，养万民，兼制天下者，为莫若仁人之善也夫"，大意是，管理好万物，养育好人民，治理好国家，没有比仁爱之心更好的方法了。这强调了对天下人拥有仁爱之心，为天下人谋利益的重要性。可以发现，中国传统的为天下人谋利益与马克思主

第二章
马克思主义的价值理想与天下为公的契合性

义人类解放理论中关于经济解放的观点相通。解决经济上困扰民众的问题是为天下人谋利益的具体体现，也是实现人类解放的物质基础。再次，在劳动观念方面存在契合性。自古以来，中国人民都将劳动看成一种良好的、道德的行为，而将剥削者不劳动却无情剥削百姓的行为视为一种可耻的、不道德的行为，并对其进行揭露和谴责。在《诗经》中，《伐檀》一诗就写道："不稼不穑，胡取禾三百廛兮？不狩不猎，胡瞻尔庭有县貆兮？彼君子兮，不素餐兮。"在以私有制为基础的阶级社会里，劳动人民被迫从事高强度的劳动，却享受不到自己的劳动果实，少数剥削者反而过着奢靡的生活，"朱门酒肉臭，路有冻死骨"就是这种社会状况的真实写照。这与马克思主义人类解放理论中关于劳动解放的观点有着高度契合性，二者都揭露和批判私有制所造成的不平等现象，并希望人类能从被迫劳动的状态中解放出来。最后，在精神文化方面存在相通性。天下为公是中华民族一以贯之的崇高追求，是中华优秀传统文化的重要精神标识，它指明了对待不同文化的态度，即要尊重和平等对待不同文化，同时满足民众的精神文化需求，促进多元文化之间的相互沟通和了解，为社会的发展提供精神动力。天下为公体现在精神文化层面的价值追求与马克思主义人类解放理论中关于精神文化解放的观点存在相似之处，二者都看到了民众在精神文化层面获得解放的重要性。

二、价值实现：无产阶级作为人类解放的主体力量与民为邦本

在马克思主义视域下，人类解放是指不断变革现有不合理社会秩序的历史运动。正是在这一历史运动过程中，通过把握生产力和生产关系的矛盾运动，揭示资本主义私有制所造成的社会异化，从而提出只有无产阶级才是实现人类解放的主体力量。因此，正确理解无产阶级解放与人类解放的一致性，是理解马克思主义人类解放理论的重要内容。

为什么说无产阶级解放与人类解放具有一致性？原因主要有三点。首先，这是由资本主义所造成的阶级社会现实所决定的。资本主义的阶级社会是人类社会历史发展进程中一个承前启后的阶段，这一阶段形成了无产阶级和资产阶级两大对立的阶级。无产阶级同资产阶级的矛盾表现为，社会中的绝大多数无产者被有产者剥削、奴役和压迫，生活在分配不公、贫困加剧和战争频仍的现实中。要想解决无产阶级和资产阶级的矛盾，只能从根本上消灭阶级；而要在阶级社会的现实中实现这一目标，只能通过阶级解放的手段。由此，阶级解放成为阶级社会实现人类解放的主要手段，无产阶级也就必然成为实现阶级解放、最终实现人类解放的主体力量。马克思在《1844年经济学哲学手稿》中指出："社会从私有财产等等的解放、从奴役制的解放出来，是通过工人解放这种政治形式表现出来的，而且这里不仅涉及工人的解放，因为工人的解放包含全人类的解放；其所以如此，是因为整个人类奴役制就包含在工人同生产的

第二章
马克思主义的价值理想与天下为公的契合性

关系中,而一切奴役关系只不过是这种关系的变形和后果罢了。"①在马克思看来,包括工人阶级在内的一切劳动阶级的解放包含着普遍的人的解放,无产阶级是阶级社会实现人类解放的主体力量,没有无产阶级的解放,人类解放就毫无现实依循。其次,无产阶级只有解放全人类,才能解放自己。马克思、恩格斯在《共产党宣言》"1888年英文版序言"中指出:"现在已经达到这样一个阶段,即被剥削被压迫的阶级(无产阶级),如果不同时使整个社会一劳永逸地摆脱一切剥削、压迫以及阶级差别和阶级斗争,就不能使自己从进行剥削和统治的那个阶级(资产阶级)的奴役下解放出来。"②恩格斯在《关于共产主义者同盟的历史》中也强调:"现代被压迫阶级即无产阶级如果不同时使整个社会摆脱阶级划分,从而摆脱阶级斗争,就不能争得自身的解放。"③这就是说,由于资本主义世界市场的形成,资产阶级对于无产阶级的剥削压迫也在世界历史的范围内进行,因此无产阶级的解放就不应该是孤立地进行,而是应代表人类社会一切被剥削被压迫的阶级利益,同世界各国的无产阶级联合起来,在解放全人类的过程中,使无产阶级最终摆脱剥削和压迫。再次,无产阶级解放的道路同人类解放的道路具有一致性。在马克思、恩格斯看来,由于资本主义社会内部的尖锐矛盾,必然使"无产阶级用暴力推翻资产阶级而建立自己的统治"④。进行无产

---

① 《马克思恩格斯全集》第42卷,人民出版社1979年版,第101页。
② 《马克思恩格斯选集》第1卷,人民出版社2012年版,第385页。
③ 《马克思恩格斯选集》第4卷,人民出版社2012年版,第203页。
④ 《马克思恩格斯选集》第1卷,人民出版社2012年版,第412页。

读懂天下为公

阶级革命、建立无产阶级专政是无产阶级解放的重要步骤，此后，"无产阶级将利用自己的政治统治，一步一步地夺取资产阶级的全部资本，把一切生产工具集中在国家即组织成为统治阶级的无产阶级手里，并且尽可能快地增加生产力的总量"①。无产阶级将沿着这样的道路，最终消灭一切阶级，实现人类解放。

无产阶级解放是通往人类解放的必由之路，人类解放也只有通过无产阶级的解放才能够实现。马克思、恩格斯在其人类解放理论中，在无产阶级解放和人类解放的辩证关系中，深刻把握无产阶级的主体作用，并以无产阶级解放作为人类解放的现实路径，正如列宁所指出的，"'无产阶级的解放应当是无产阶级自己的事情'，——这是马克思和恩格斯经常教导的"②。这就是说，马克思、恩格斯强调的是无产阶级应当发挥其作为最为彻底的革命阶级的作用，彻底消灭资产阶级的剥削和压迫，推翻资本主义制度，并使整个社会能够完全摆脱阶级社会的等级划分和不公正的局面。当然，事实上无产阶级确实能够代表被剥削被压迫阶级的根本利益，在同资产阶级的斗争中充分发挥自身的革命彻底性和坚决性，实现人类解放这一无产阶级的历史使命。

通过以上分析可以看出，马克思、恩格斯将实现人类解放的理想置于资产阶级社会的现实中，认为人类解放是人类应不断努力实现的现实运动，而无产阶级则是实现人类解放的主体力量。这一理论学说与天下为公所蕴含的民本思想相契合。虽然二者在时代背

---

① 《马克思恩格斯选集》第1卷，人民出版社2012年版，第421页。
② 《列宁选集》第1卷，人民出版社2012年版，第96页。

第二章
马克思主义的价值理想与天下为公的契合性

景、出发点和实践路径上有着明显区别,但是在对民众重要性的把握,以及强调民众主体地位的价值原则等方面存在共通性。

天下为公即是说天下是天下人的天下,治理天下应以天下人为主体,以民众为主体。中华优秀传统文化中的民本思想源远流长。《尚书·五子之歌》讲道"民惟邦本,本固邦宁",孟子明确提出"民为贵,社稷次之,君为轻",汉代贾谊在其《新书·大政上》中也提出"民无不为本也。国以为本,君以为本,吏以为本",等等,这些都是在说百姓才是一切事物的根本,治国理政、天下运行应以百姓的利益为导向。清代黄宗羲对天下和君王做了区分,他在《明夷待访录》中写道:"古者以天下为主,君为客,凡君之所毕世而经营者,为天下也。今也以君为主,天下为客,凡天下之无地而得安宁者,为君也。"在黄宗羲看来,君王不应将天下视为个人的产业,以自己为主,享受天下富贵;而应该像古代君王一样,以天下为主,自己为客,毕生为天下人谋利益。"盖天下之治乱,不在一姓之兴亡,而在万民之忧乐",民众才是国家和天下的主体,民心的向背决定着国家的盛衰兴亡。这同马克思主义人类解放理论中强调无产阶级是主体力量的观点相一致。在马克思、恩格斯看来,要想实现人类的解放,就不应依靠某一个"无所不能"的英雄人物,更不能依靠无情地剥削压迫无产者的资产阶级,而应该以无产阶级自身为主体,充分发挥无产阶级的主体作用,从而实现人类解放。1919 年,毛泽东在《民众的大联合》中奋笔疾书:"天下者我们的天下。国家者我们的国家。社会者我们的社会。我们不说,谁说?

我们不干，谁干？"① 毛泽东在此号召全体中国人民要承担起救国救民的责任使命。天下不是某一个人的天下，天下是所有天下人的天下，我们理应承担起每一个天下人应尽的责任。

三、价值目标：实现人的自由全面发展与成就天下人幸福

马克思始终将解放无产阶级进而解放全人类作为自己毕生的追求。马克思在继承和批判前人观点的基础上，在科学的世界观和方法论的指导下，将社会主义从浅显的理论空想逐渐发展为具有实践意义的现实运动，而实现人的自由全面发展就是社会主义的最高理想。马克思、恩格斯站在历史唯物主义的高度，对人的自由全面发展问题进行了深入研究和阐释。透过这一内涵丰富而深刻的思想，可以认识到，实现人的自由全面发展不仅是人类解放的重要表现，也是人类解放的最高境界。

要理解马克思主义人的自由全面发展思想，不能脱离马克思、恩格斯所处的时代。19世纪欧洲工业革命的飞速发展，使资本主义的生产方式和意识形态迅速在欧洲社会蔓延开来。由于资本主义社会生产力的急速提升，资产阶级手中掌握的财富以惊人的速度不断增长，正如马克思、恩格斯所说，"资产阶级在它的不到一百年的阶级统治中所创造的生产力，比过去一切世代创造的全部生产力还

---

① 《毛泽东早期文稿》，湖南人民出版社2008年版，第356页。

第二章
马克思主义的价值理想与天下为公的契合性

要多,还要大"①。资本主义生产力在得到巨大发展的同时,资产阶级和无产阶级的矛盾和对立也越发突出。马克思看到了资本主义生产方式给人的生存和发展造成的异化,认识到资本主义社会必然带来的是人的畸形和片面的发展。资本主义生产方式带来的劳动异化表现为四个方面。其一,劳动者同劳动产品之间的异化,即"工人生产的财富越多,他的产品的力量和数量越大,他就越贫穷"②。劳动产品本来是劳动者创造出来的,却作为凝结起来、积累起来的劳动反过来支配并且控制活的劳动,简言之,就是资本控制劳动。其二,劳动活动本身的异化,表现为"劳动对工人说来是外在的东西,也就是说,不属于他的本质的东西"③。在马克思看来,劳动活动本来应该是属于工人内在的东西,也就是工人可以在劳动之中感到自在、舒畅和满足,但是工人的劳动活动在资本主义私有制的生产方式下发生了异化,劳动成为外在于工人的东西。其三,人同自己类本质的异化。马克思认为,"人把自身当作现有的、有生命的类来对待,当作普遍的因而也是自由的存在物来对待"④,也就是说,自由自觉的劳动才是人真正的类本质,但是在异化劳动中,劳动变成了维持生活的手段。其四,人同人之间的异化关系,即"人同自己的劳动产品、自己的生命活动、自己的类本质相异化这一事实所造成的直接结果就是人同人相异化"⑤,表现为资本主义社会中人与

---

① 《马克思恩格斯选集》第 1 卷,人民出版社 2012 年版,第 405 页。
② 《马克思恩格斯全集》第 42 卷,人民出版社 1979 年版,第 90 页。
③ 《马克思恩格斯全集》第 42 卷,人民出版社 1979 年版,第 93 页。
④ 《马克思恩格斯全集》第 42 卷,人民出版社 1979 年版,第 95 页。
⑤ 《马克思恩格斯全集》第 42 卷,人民出版社 1979 年版,第 97—98 页。

人之间原子式的对立竞争关系。也就是说，资本主义制度、生产力等因素所取得的巨大经济成就并没有能够解放现实中的人，反而使人的生存和发展处于一种异化的状态。在马克思看来，理解人的自由全面发展，需要从资本主义社会的现实实践出发，也就是从资本主义私有制出发，认识到资本主义社会的分工只会造成人的畸形发展和异化状态，而非人的解放，更不可能实现人的自由全面发展。由此，马克思提出以异化劳动的积极扬弃为核心的共产主义，即在私有财产发展到高度紧张对立的矛盾状态下，在私有财产的积极扬弃中奠定共产主义的基础，"这种共产主义，作为完成了的自然主义，等于人道主义，而作为完成了的人道主义，等于自然主义，它是人和自然界之间、人和人之间的矛盾的真正解决，是存在和本质、对象化和自我确证、自由和必然、个体和类之间的斗争的真正解决。它是历史之谜的解答，而且知道自己就是这种解答"[1]。在共产主义的社会形态中，由于共产主义运动，资本主义生产方式所造成的异己力量得到控制，社会的物质财富充分涌流，人们不再将劳动作为一种艰难的谋生手段，人与人之间也不再是一种盲目的对立竞争关系。由此，人类方能进入自由全面发展的阶段，真正实现每个人自由而全面的发展。

人的自由全面发展是人的自由发展和全面发展的辩证统一，二者既互为前提，又互为保证，相互依存，相辅相成。首先，人的全面发展是人的自由发展的前提。人各方面协调全面发展的程度越高，人自由选择发展的空间就越大。其次，人的自由发展是人的全

---

[1]《马克思恩格斯全集》第42卷，人民出版社1979年版，第120页。

第二章
马克思主义的价值理想与天下为公的契合性

面发展的手段和目的。没有人的自由发展,就不会有人的全面发展。在共产主义社会里,人的自由发展的充分实现必然会带来人的全面发展。再次,人的自由发展和全面发展相互联系,相辅相成。自由发展和全面发展是一个不可分割、相互融合的动态过程,自由发展包含着全面发展的因素,全面发展也包含着自由发展的因素。马克思、恩格斯将人的自由全面发展生动形象地描述为:"在共产主义社会里,任何人都没有特殊的活动范围,而是都可以在任何部门内发展,社会调节着整个生产,因而使我有可能随自己的兴趣今天干这事,明天干那事,上午打猎,下午捕鱼,傍晚从事畜牧,晚饭后从事批判,这样就不会使我老是一个猎人、渔夫、牧人或批判者。"①

马克思主义人类解放理论和天下为公所蕴含的民本思想存在诸多契合,它们不仅在理论出发点上具有一致性,即二者都强调民众的重要性,主张重视民众的作用和地位,而且在目标指向上也有相通之处。马克思主义人类解放理论的最终目标是要实现人的自由全面发展,天下为公也是最终要使天下民众得到更好的发展。

天下为公所蕴含的民本思想指向天下人的利益,也就是要将人的发展放在首位,主张维护人的尊严和价值,将民众从一切束缚和限制中解放出来,使民众得到更好的发展。在有着阶级区别和阶级对立的封建社会,实现的是占统治地位阶级的利益,保障的是少数人的发展权利;而在民本主义的社会里,天下人都能参与社会生活并分享社会利益。政权的存在就是要使人的种种能力不受抑制而得到自由发展,服务全体民众,否则政权理应被人民所推翻。孔子主

---

① 《马克思恩格斯文集》第1卷,人民出版社2009年版,第537页。

张统治者从"民"的角度出发制定政策,提出君主应"因民之所利而利之",并强调要在确保民众经济财富的基础上重视民众的受教育权,使人人都能够得到细致深入的教育,从而实现更好的发展。孟子进一步发展了孔子的民本思想,提出民贵君轻,将民本思想发展到新高度。孟子还提出一些具体的民生举措,"明君制民之产,必使仰足以事父母,俯足以畜妻子,乐岁终身饱,凶年免于死亡。然后驱而之善,故民之从之也轻",要求执政者使民众有固定的产业收入,在"富民"的基础上才能够"教民";孟子强调"设为庠序学校以教之",即设立相应的机构让民众接受教育,使其能够明白纲常伦理。这些举措实际上都是为了实现全体民众的发展而制定的,体现了天下为公所蕴含的民本思想对于人人发展自身的高度观照。

第三节 马克思主义的共产主义理想与天下为公的大同理想相契合

共产主义理想是马克思、恩格斯以唯物史观为思想指引,对未来社会理想图景所作的科学构想,也是马克思主义理论的重要组成部分。大同理想是中华民族的社会理想和价值理想,对大同理想全面系统的阐发最早见于儒家经典《礼记·礼运》。《礼记·礼运》有言:"大道之行也,天下为公。选贤与能,讲信修睦。故人不独亲其亲,不独子其子,使老有所终,壮有所用,幼有所长,矜寡孤独废

第二章
马克思主义的价值理想与天下为公的契合性

疾者皆有所养。男有分，女有归。货恶其弃于地也，不必藏于己；力恶其不出于身也，不必为己。是故谋闭而不兴，盗窃乱贼而不作，故外户而不闭，是谓大同。"这是中国古代对于未来理想社会的一种描述。共产主义理想与天下为公的大同理想有着相融相通、相互契合的部分，二者对理想社会的分配方式以及关系状态的设想相似，并且在理想社会的和谐图景方面有着一致的追求。

一、理想社会的公有属性：公有制与天下为公

马克思、恩格斯在对资本主义私有制产生、发展的历史进行深入探索后，指出资本主义私有制必将被共产主义公有制所替代，并提出废除资本主义私有制、实现共产主义公有制是未来理想社会的一个重要特征。

一方面，马克思、恩格斯深刻地批判了资本主义私有制。在马克思、恩格斯看来，资本主义社会之所以出现各种各样的问题，究其根源在于资本主义私有制。正是由于"资本作为无止境地追求发财致富的欲望"[1]，资产阶级对无产阶级进行无休止的剥削和压迫，通过减少工人的工资和不断延长工人的剩余劳动时间，使无产阶级陷入越来越糟糕的现实处境。正如马克思、恩格斯在《共产党宣言》中所指出的，"雇佣工人靠自己的劳动所占有的东西，只够勉强维持他的生命的再生产"[2]。也就是说，在资本主义私有制

---

[1]《马克思恩格斯全集》第30卷，人民出版社1995年版，第305页。
[2]《马克思恩格斯选集》第1卷，人民出版社2012年版，第415页。

读懂天下为公

条件下，资本的发展固然表现为社会财富的大量快速增长，但是这些由工人所生产出来的产品反而不属于工人所有，不论工人生产了多少，他所能够拥有的都只有那仅能满足自己基本生存的部分，剩下的部分全部归资本家。这种生产力的增长只不过意味着越来越多的生产资料作为异己的力量与工人相对立。马克思、恩格斯认为，虽然资本主义社会的经济得到了相当大的发展，但是生产越发展，社会财富越增长，财富反而越来越集中于少数资产阶级手中，无产阶级遭到越来越沉重的剥削和压迫。在资本主义不断发展的过程中，"工人变成了机器的单纯的附属品，要求他做的只是极其简单、极其单调和极容易学会的操作。因此，花在工人身上的费用，几乎只限于维持工人生活和延续工人后代所必需的生活资料"[1]。资产阶级无情地对工人阶级进行剥削和压迫，不断获取剩余价值，这是资本主义私有制的本质所在。由此，资本主义私有制的内在矛盾就体现为：其一，资本对于金钱利益和剩余价值的无止境追求，导致生产无限扩大；其二，在生产无限扩大、生产力不断增长的情况下，无产阶级反而愈加贫穷，社会地位越来越低下，购买力的需求也相对缩小。这种资产阶级生产力的不断增长和无产阶级购买力需求的相对缩小之间的矛盾，便是由资本主义私有制所造成的，当然也是资本主义私有制无法克服的。马克思在《资本论》中一针见血地指出："生产资料的集中和劳动的社会化，达到了同它们的资本主义外壳不能相容的地步。这个外壳就要炸毁了。资本主义私有制的丧钟

---

[1]《马克思恩格斯选集》第1卷，人民出版社2012年版，第407页。

第二章
马克思主义的价值理想与天下为公的契合性

就要响了。剥夺者就要被剥夺了。"① 由此可见,资本主义私有制的内在矛盾决定了它的灭亡是必然的。

另一方面,马克思、恩格斯论述了共产主义公有制终将取代资本主义私有制。共产主义公有制的存在是对于资本主义私有制的积极扬弃,亦是对资本主义私有制内在矛盾的克服。马克思、恩格斯在《共产党宣言》中指出:"共产主义革命就是同传统的所有制关系实行最彻底的决裂;毫不奇怪,它在自己的发展进程中要同传统的观念实行最彻底的决裂。"② 也就是说,马克思、恩格斯将消灭资产阶级所有制,实现所有制的变革作为共产主义革命的核心问题,而资产阶级所有制又是建立在资本家对无产阶级剥削和压迫的基础上,亦即建立在资本主义私有制的基础上,由此,马克思、恩格斯提出共产主义就是要消灭资本主义私有制。到了共产主义社会,由于生产资料是公有的,也就不会出现那种在资本主义社会里大量生产资料集中在少数资产阶级手中,资产阶级剥削和压迫工人的状况。需要注意的是,马克思、恩格斯这里所讲的消灭资本主义私有制并不是指要消灭那些供人生存所需的基本的社会占有,这些占有是为了满足个人的需求,并不会为了获得剩余价值而去支配他人劳动,共产主义要消灭的是那些利用个人的占有而剥削压迫他人的行为。在共产主义公有制下,劳动者生产的产品不再作为社会交换的特殊产品而存在,也不再作为存在于个人之外、异己于个人的东西,而是"单个人的劳动一开始就成为社会劳动。因此,不管他所创造的或协

---

① 《马克思恩格斯文集》第 5 卷,人民出版社 2009 年版,第 874 页。
② 《马克思恩格斯选集》第 1 卷,人民出版社 2012 年版,第 421 页。

读懂天下为公

助创造的产品的特殊物质形式如何,他用自己的劳动所购买的不是一定的特殊产品,而是共同生产中的一定份额"①,也就是说,劳动者生产的产品不再作为异己的力量统治自己,而是全部生产资料都由劳动者自己占有。

共产主义公有制必将取代资本主义私有制的观点体现了马克思、恩格斯所追求的是一种以公有制为基础的理想社会形态,这与中国传统的大同理想社会有着相通之处。大同社会的本质特征是天下为公,也就是说,大同理想社会以"公"而不是以"私"作为价值的基点和立足点,以"天下为公"作为本质取向。《礼记·礼运》中对于大同理想社会图景的描绘,第一句就是"大道之行也,天下为公",可见,天下为公是大同社会的最本质特点。在这样的理想社会中,天下为公表现为权力和财产的公有。具体来讲,权力的公有是同权力的私有相对立的,在权力私有的封建社会,公权的私人占有者和支配者往往会为了使占有合法化而人为制定出尊卑贵贱的等级制度,主张"尊卑贵贱,不逾次行",从而形成封建社会的秩序,便于统治者进行有效统治。在权力私有的封建社会中,由于等级划分,卑贱者与尊贵者身处截然不同的社会处境,卑贱者的生存权无法受到基本的保护,财产和劳动被严重剥夺;而贵族则处于社会上层地位,始终享有特权,不受奴役。在大同理想社会里,这种权力的私有将被权力的公有所代替,统治阶级占有的各项权力也将为天下民众所公有,民众可以选举贤能者来执政,避免世袭制所带来的权力私有。康有为在《礼运注》中强调,"至公"是大同社会的本质特

---

① 《马克思恩格斯全集》第 46 卷上,人民出版社 1979 年版,第 119 页。

征,他写道:"公者,人人如一之谓,无贵贱之分,无贫富之等,无人种之殊,无男女之异。……惟人人皆公,人人皆平,故能与人大同也。"在康有为看来,儒家所向往的天下为公的大同社会,核心就在于"公","公"要求人与人之间、各种族之间、男女之间在身份地位上一律平等。既然天下是天下人的天下,大同社会首先就应是人人平等、权力公有的公有制社会。此外,财产的公有指的是在大同社会中,劳动者的劳动不再是个人谋生的基本手段,而是个人高度自觉的一种情感需要,通过财产公有,彻底消灭社会成员的财产差别。

二、理想社会的分配方式:各尽所能、按需分配与人尽其力、物尽其用

共产主义社会在分配制度方面已不再是按劳分配,而是在人的全面发展、社会财富充分涌流的基础上,按照社会共同体成员的合理需求分配劳动产品。马克思在《哥达纲领批判》中指出:"在共产主义社会高级阶段,在迫使个人奴隶般地服从分工的情形已经消失,从而脑力劳动和体力劳动的对立也随之消失之后;在劳动已经不仅仅是谋生的手段,而且本身成了生活的第一需要之后;在随着个人的全面发展,他们的生产力也增长起来,而集体财富的一切源泉都充分涌流之后,——只有在那个时候,才能完全超出资产阶级权利的狭隘眼界,社会才能在自己的旗帜上写上:各尽所能,按需

分配！"① 恩格斯在为马克思《雇佣劳动与资本》1891年单行本所写的导言中也提到，在全新的社会制度下，阶级差别将会消失，并且能够"通过有计划地利用和进一步发展一切社会成员的现有的巨大生产力，在人人都必须劳动的条件下，人人也都将同等地、愈益丰富地得到生活资料、享受资料、发展和表现一切体力和智力所需的资料"②。在共产主义社会高级阶段，劳动已不再仅仅是社会成员用来谋生的手段，人们也不再仅仅是为了取得物质回报而去劳动，每个社会成员都能够充分发挥自己的个人能力，都能够发自内心地、不计任何报酬地、自觉自愿地参与社会劳动，社会也能够按照不同成员的合理需求去分配这些劳动产品。共产主义社会高级阶段的按需分配不是一种凭空产生的分配方式。经由按劳分配的不断发展，不公正的阶级分工以及人们脑力劳动和体力劳动对立情形的消失，劳动成为社会成员生活的第一需要；同时，生产力的极大发展使集体财富的一切源泉得到充分涌流，由此，才能真正实现按需分配。这种按需分配的分配方式能够使人们摆脱资本主义私有制条件下狭隘的、自私自利的原则，真正使人回归本质，在满足社会成员物质、精神需求的过程中实现人与人之间的真正平等，是人类社会最为理想的分配方式。

人类社会是一个不断从对立走向和谐，从低级走向高级的发展过程；建立一个人人平等、和谐友爱的理想社会，也一直是人们的美好追求。马克思提出的"各尽所能，按需分配"原则就是设想

---

① 《马克思恩格斯选集》第3卷，人民出版社2012年版，第364—365页。
② 《马克思恩格斯选集》第1卷，人民出版社2012年版，第326页。

第二章
马克思主义的价值理想与天下为公的契合性

通过各尽所能，使物质财富最大化，最终进入共产主义的理想社会。这与大同社会中的"人尽其力，物尽其用"原则极为相似。《礼记·礼运》载："男有分，女有归。货恶其弃于地也，不必藏于己；力恶其不出于身也，不必为己。"即指在大同社会里，应该让男人尽力于自己的职责，女人出嫁各有归属。人们厌恶把钱物丢弃在地上的行为，但毫无自私自利之心，不会据为己有；人们担心有力气使不出来，但尽力做事也不一定是为了自己。也就是说，在天下为公的大同社会中，首先要使社会成员各尽其能，人尽其力，所有人都能为社会发展尽自己的一份力量，同时人人都能够享受到由所有社会成员共同创造的劳动成果。在共产主义社会和天下为公的大同社会中，生产力应足够发达，以确保按需分配的可能性。随着生产力的发展、物质资料的富足，人们不会再沉迷于一己私欲。大同理想社会采取的是一种追求公平公正、无私无争的分配方式，强调人们要祛除私心，以公心尽全力地劳作，从而在生产力高度发展的基础上根据人们的合理需求进行物尽其用式的分配。

三、理想社会的关系状态：反抗剥削压迫与追求至公至平

自人类诞生以来，平等和自由始终是人类社会追求的主题。无论是马克思主义视域下的共产主义社会，还是中国古代的大同社会，皆将实现平等和自由作为内在的价值追求。马克思在对平等自由的共产主义社会的理想蓝图进行描绘时，强调共产主义要通过消

读懂天下为公

灭剥削和贫富分化，来实现社会成员地位的平等和经济社会权利的平等。马克思指出："平等，作为共产主义的基础，是共产主义的政治的论据。"[①] 在马克思看来，平等是共产主义社会的基础，也是共产主义社会最重要的特征，而要实现社会成员的真正平等，首先就要消灭阶级，并使资产阶级的国家消亡。这是因为，在资本主义社会的现实条件下，出现了阶级的划分，自此人类社会便产生了阶级压迫和剥削的现象，人类也迈向了不平等的深渊。在资本主义私有制条件下，资本家通过榨取工人的剩余价值，以获得大量财富，拥有更多通过资本增殖逐利的机会；而无产阶级卖命地劳动也只能维持自身的生存，不可能享有与资产阶级平等的发展机会。因此，在资本主义社会中根本无法实现真正的平等，资产阶级的私有制使人与自身、人与他人的关系变成完全对立的关系，使实现人与人之间真正的平等变得不可能。恩格斯在《反杜林论》中就批判了杜林所言的抽象的自由和平等观念，认为无产阶级的平等观更具有广泛性和普遍性。资产阶级所谓的平等是建立在穷人和富人地位的不平等基础之上的，而无产阶级的平等则要求推翻阶级剥削和压迫，实现真正的平等。存在阶级对立的社会，就会始终存在压迫和被压迫的关系，如果不推翻阶级的统治，消灭资产阶级，无产阶级就无法获得解放，也就无法获得平等的社会地位和经济生产中平等的权利。在恩格斯看来，现代的平等是"一切人，或至少是一个国家的一切公民，或一个社会的一切成员，都应当有平等的政治地位和

---

① 《马克思恩格斯全集》第 42 卷，人民出版社 1979 年版，第 139 页。

第二章
马克思主义的价值理想与天下为公的契合性

社会地位"①。这种真正意义上的平等只有在共产主义社会才能够实现，共产主义将通过消灭阶级剥削和压迫，消除穷人和富人之间逐渐拉大的贫富差距，从而实现社会成员身份地位的平等和经济权利的平等。正如恩格斯所指出的，"在共产主义社会里，人和人的利益并不是彼此对立的，而是一致的，因而竞争就消失了。当然也就谈不到个别阶级的破产，更谈不到像现在那样的富人和穷人的阶级了"②。

总的来说，共产主义追求的并不是特殊阶级的平等，而是普遍的人的实质平等，这种实质平等建立在消灭阶级的基础上，即"随着阶级差别的消灭，一切由这些差别产生的社会的和政治的不平等也自行消失"③。由此，只有消灭资本主义私有制，消灭阶级剥削和压迫，才能够消除剥削者和被剥削者的不平等关系，实现全体社会成员在政治、经济等各方面的真正平等。

马克思站在科学的立场上，对未来平等自由的共产主义社会作了展望，强调共产主义社会要实现一种普遍的人的实质平等，这同追求公正平等的大同理想社会具有相通之处。《礼记·大同》向我们展示了一个中国人所不懈追求的理想社会，虽然只有百余字的描绘，但是包含着十分丰富的内容。在天下为公的大同理想社会中，人人都各尽其力为社会而劳动，所有生产资料和劳动者所取得的劳动成果均为社会成员所共有，并按照社会成员的性别、年龄和社会的需

---

① 《马克思恩格斯文集》第9卷，人民出版社2009年版，第109页。
② 《马克思恩格斯全集》第2卷，人民出版社1957年版，第605页。
③ 《马克思恩格斯文集》第3卷，人民出版社2009年版，第442页。

要进行合理的分工，人们共同劳动、以诚相待、衣食共享、互相信任、互相爱护和援助，人人自由且平等，也就是说，未来的大同社会是公正和谐的，对于每个人而言都是理想的家园。大同理想社会强调的这种"等贵贱、均贫富"的平等原则，是中国古代最根本和最彻底的平等观念。从社会维度而言，平等就是指要保证社会中的弱势群体也能够有尊严地生活，反对两极分化，主张在财富的分配上实现均等。对于天下为公的大同社会的内涵，康有为在《大同书》中解释道："大同之道，至平也，至公也，至仁也，治之至也。"在大同理想社会中，人与人之间没有贫富、贵贱之差，消除了家界和国界，不存在任何的压迫和歧视，人们和谐相处，没有纷争，达至一个人人平等、充满美好幸福的理想境界。

四、理想社会的和谐图景：高度和谐发展的共产主义社会与天下太平的大同社会

构建和谐发展的理想社会是古今中外许多仁人志士的崇高追求，也是鼓舞人们不断为之奋进探索的重要精神力量。19世纪40年代，马克思、恩格斯共同创立了科学社会主义，提出了共产主义这一人类未来社会的伟大构想，科学地预见了未来理想社会的基本特征，这同天下为公的大同理想社会的追求不谋而合。

其一，二者在所追求的理想社会状态方面具有一致性。马克思、恩格斯所展望的共产主义社会是社会关系高度和谐、社会成员精神境界得到极大提高的理想社会。到了共产主义社会，阶级的区分将

第二章
马克思主义的价值理想与天下为公的契合性

会消失，阶级间的剥削和压迫也将不复存在，伴随着阶级斗争的消失，全体社会成员都将为了一致的根本利益而努力劳动，生产力的高度发展使所有社会成员的物质财富都能够得到有效保障。当然，在共产主义社会中，战争也将不复存在，不同利益集团的竞争和对抗将从此消失，人们能够真正过上和平安宁的幸福生活。在马克思看来，随着无产阶级革命的深入，将会诞生一个全新的社会，"这个新社会的国际原则将是和平"[1]。尽管马克思主张用暴力革命推翻资产阶级的统治，但是这种暴力革命的根本目的仍然是追求和平发展的共产主义社会。《礼记》所载的"是故谋闭而不兴，盗窃乱贼而不作，故外户而不闭，是谓大同"，描绘了和谐社会的图景。在这样的理想社会中，人们可以夜不闭户，人与人之间没有阴谋和奸诈，也没有战争和冲突。总之，无论是马克思主义的共产主义社会，还是天下为公的大同理想社会，都希望建立一个高度和谐的社会。

其二，共产主义社会和大同理想社会除了在追求高度和谐的社会状态上具有一致性，在实现理想社会的阶段和步骤方面也存在相通之处。二者都承认要构建理想的社会，就必须经历一定的步骤和阶段，并非是一蹴而就的。马克思、恩格斯指出，共产主义是人类社会发展的必然趋势，也是人类社会发展的最高阶段，在到达这一社会形态之前，人类社会的发展要经历原始社会、奴隶社会、封建社会和资本主义社会，这几种社会形态依次更替，最终必将会通达共产主义社会。马克思主义从社会形态的交替规律出发，论证了共产主义理想能够实现的必然性，也说明了人类社会向共产主义社会

---

[1]《马克思恩格斯选集》第3卷，人民出版社2012年版，第61页。

过渡需要经历相当长的历史时期。此外，马克思在《哥达纲领批判》中还提出从资本主义社会到共产主义社会需要历经三个阶段：从资本主义社会到社会主义社会的过渡时期，共产主义社会的第一阶段即社会主义社会，共产主义社会高级阶段。马克思对共产主义社会发展阶段的论述表明，理想社会形态的实现必须经历生产力发展的不同阶段。在中国古代的大同世界构想中，也认为大同理想社会的实现要经历不同阶段。源自《春秋公羊传》的"三世说"，即包含历史变易思想，认为人类社会是沿着据乱世、升平世、太平世顺次进化的过程。[1] 近代康有为进一步将"三世说"同《礼记·礼运》中的思想结合起来，指出："所传闻世为据乱，所闻世托升平，所见世托太平。乱世者，文教未明也。升平者，渐有文教，小康也。太平者，大同之世，远近大小如一，文教全备也。"他提出"据乱世"进化到"升平世"（小康），再由"升平世"进化到"太平世"（大同世界）的历史衍化过程，并把这一过程视为人类社会进化的普遍规律。[2] "太平世"就是指中国理想的大同社会。这个历史衍化过程也说明了，通往大同社会的道路并不是一蹴而就、一帆风顺的，有着必经的阶段，需要经历很长的历史时期。

---

[1] 王晓斌：《〈春秋公羊传〉：阐释〈春秋〉"微言大义"》，《学习时报》2023年12月11日第3版。

[2] 杨国荣：《经学的历史形态与现代走向》，《光明日报》2023年9月23日第11版。

第三章

中国共产党对天下为公的
　　　　　不懈求索

第三章
中国共产党对天下为公的不懈求索

天下为公是中国共产党一以贯之的政治理想。中国共产党自成立以来,就坚持为人民谋幸福、为中华民族谋复兴,致力于为人类谋进步、为世界谋大同。在开辟新民主主义革命道路、社会主义革命和建设道路、中国特色社会主义道路过程中,始终将马克思主义基本原理同中国具体实际相结合、同中华优秀传统文化相结合,带领中国人民为实现天下为公而不懈奋斗,在保障人民当家作主、发展公有制经济、维护世界和平与发展等方面取得了一系列重要成果。

第一节 新民主主义革命时期对天下为公的探索与实践

新民主主义革命时期,中国共产党围绕争取民族独立、人民解放的中心任务,领导人民为实现天下为公进行革命斗争。政治上,中国共产党集中力量改变半殖民地半封建的社会性质,积极探索人民民主政权的建设,保障人民民主权利;经济上,中国共产党大力开展土地革命,废除封建土地所有制,实行"耕者有其田";国际关系上,中国共产党以世界眼光看待中国革命,将中国革命与人类进步事业相统一,视中国革命为世界革命的一部分。

一、统一中国为真正民主共和国

人民当家作主是在新的历史条件下实现天下为公的本质要求。1840年鸦片战争后，中国逐步沦为半殖民地半封建社会，国家蒙辱、人民蒙难、文明蒙尘，中华民族遭受了前所未有的劫难，激起了国人救亡图存的坚定决心。无数仁人志士孜孜不倦寻找着适合中国国情的制度模式，先后尝试了君主立宪制、资产阶级共和制，但都以失败告终。实践证明，西方资本主义民主道路在中国走不通。十月革命一声炮响，给中国送来了马克思列宁主义。诸如"不是国家制度创造人民，而是人民创造国家制度"[①] "无产阶级革命将建立民主的国家制度，从而直接或间接地建立无产阶级的政治统治"[②] 等马克思主义思想观点开始在中国广泛传播，俄国的民主形式也传入中国，为中国先进知识分子提供了一个新的民主道路选择。

中国共产党成立后，坚持以马克思主义为指导，在革命过程中积极探索人民民主的实践路径和实现形式。毛泽东指出，在新民主主义革命时期，"历史给予我们的革命任务，中心的本质的东西是争取民主"[③]。建党初期，党的一大提出推翻资产阶级政权、承认苏维埃管理制度、采用无产阶级专政、由劳动阶级重建国家的政治纲领。[④] 党的二大制定了中国共产党的最高纲领和最低纲领，明确规

---

① 《马克思恩格斯全集》第3卷，人民出版社2002年版，第40页。
② 《马克思恩格斯选集》第1卷，人民出版社2012年版，第304页。
③ 《建党以来重要文献选编》第14册，中央文献出版社2011年版，第205页。
④ 《中国共产党党章汇编》，人民出版社1979年版，第1—2页。

第三章
中国共产党对天下为公的不懈求索

定"建立劳农专政的政治,铲除私有财产制度,渐次达到一个共产主义的社会"是党的最高纲领,"消除内乱,打倒军阀,建设国内和平;推翻国际帝国主义的压迫,达到中华民族完全独立;统一中国为真正民主共和国"为党的最低纲领,即党在新民主主义革命时期的纲领。党的一大和二大提出的政治纲领,鲜明地展现了实现人民民主是中国共产党的奋斗目标。中国共产党以此为指引,怀揣天下为公的政治理想,积极探索人民当家作主的政权建设。

1927年大革命失败后,党的工作重心逐渐转向农村,开始在农村建立革命根据地。中国共产党创建了第一个农村革命根据地——井冈山革命根据地,开辟了一条农村包围城市、武装夺取政权的正确革命道路。在井冈山革命根据地建设中,中国共产党进行了卓有成效的民主实践。1927年11月,工农革命军在茶陵县建立湘赣边界第一个红色政权——茶陵县工农兵政府。1928年1月,工农革命军攻克遂川县城后,由群众大会推荐选举产生县长和工农兵政府主要成员,成立遂川县工农兵政府。在遂川县工农兵政府成立大会上,正式通过《遂川工农县政府临时政纲》,其内容涵盖政治、经济、军事、文化等多个方面。在民主政治方面,明确规定:"工人、农民、士兵和其他贫民,都有参与政治的权利","凡工农兵平民有集会、结社、言论、出版、居住、罢工的绝对自由"[1],等等,这些规定展现了红色政权是工农大众当家作主的,真正体现了人民民主。

随着各根据地的建立和迅速发展,中国共产党迫切需要建立一个全国性的政权来加强领导,以便更好保护根据地人民乃至全国人

---
[1]《毛泽东年谱(1893—1949)》上卷,中央文献出版社2002年版,第233页。

民的利益。1931年11月，中国共产党在江西瑞金召开中华苏维埃第一次全国代表大会，宣布成立中华苏维埃共和国临时中央政府。大会通过的《中华苏维埃共和国宪法大纲》规定："中国苏维埃政权所建设的是工人和农民的民主专政的国家。苏维埃全政权是属于工人、农民、红军兵士及一切劳苦民众的"，同时强调，"为使工农兵劳苦民众真正掌握着自己的政权，苏维埃选举法特规定：凡上述苏维埃公民在十六岁以上皆享有苏维埃选举权和被选举权，直接选派代表参加各级工农兵会议（苏维埃）的大会，讨论和决定一切国家的地方的政治事务"。[①] 工农民主政权性质的规定以及民主选举方法的明确，有效维护了人民的参政议政权利和选举自由，保障了人民的民主权利，赢得了广大人民群众的衷心拥护。中华苏维埃共和国作为中国历史上第一个全国性的工农民主政权，是中国共产党在局部地区执政的重要尝试，为抗日战争、解放战争时期的根据地建设以及新中国的政权建设，提供了宝贵的历史经验。

抗日战争时期，中国共产党坚持把抗日战争与民主制度结合起来，进行抗日民主政权建设，实行以"三三制"为原则的参议会制度，不断推进人民民主。在1935年12月的瓦窑堡会议上，提出要把"苏维埃工农共和国"改为"苏维埃人民共和国"，这表明苏维埃民主制度不但是代表工人农民的，而且是代表中华民族的。选举是民主政治的基础。抗战时期的陕甘宁边区，堪称"民主的模范区"。边区政府开展的以民主选举为核心的民主政治建设，在最广

[①]《建党以来重要文献选编》第8册，中央文献出版社2011年版，第649—650、650页。

第三章
中国共产党对天下为公的不懈求索

泛的范围内充分调动了人民群众的积极性。为充分保障边区选民参加选举的民主权利，根据边区经济落后、地广人稀、群众文化程度较低的实际情况，创造了投豆、画圈、画杠等多种选举方式，使边区民众积极参与到民主选举的实践过程中来。从 1937 年 5 月至 1946 年 3 月，陕甘宁边区共举行三次民主选举，"民主选举""人民民主""男女平等""老百姓做主"等民主思想深入人心，连七十多岁的老太太都坚持顶着大风出门参加选举大会，认为"活到七十多岁了，总没做过主，今天咱要做主了，咱自然要去选个如意的"[1]。

随着战争局势的发展，为了发展进步势力，争取中间势力，孤立顽固势力，巩固抗日民族统一战线，1940 年 3 月，党中央在《抗日根据地的政权问题》中首次提出"三三制"原则，即在抗日民主政权的人员分配上，共产党员、非党的左派进步分子、中间派各占三分之一。1941 年 11 月，毛泽东在陕甘宁边区参议会上再次强调："国事是国家的公事，不是一党一派的私事。因此，共产党员只有对党外人士实行民主合作的义务，而无排斥别人、垄断一切的权利。"[2] "三三制"开创了中国共产党与党外人士协商民主的新形式，协调了中国共产党与各党派、无党派人士间的关系，为社会主义协商民主建设提供了宝贵历史经验。

基于抗日民主政权建设实践，中国共产党描绘了未来新中国的制度蓝图，对民主前景进行了展望，提出建立各革命阶级联合专政

---

[1] 梁星亮、杨洪：《中国共产党延安时期政治社会文化史论》，人民出版社 2011 年版，第 104—105 页。

[2] 《毛泽东选集》第 3 卷，人民出版社 1991 年版，第 809 页。

读懂天下为公

的新民主主义国家。《新民主主义论》系统阐发了毛泽东对革命胜利后国家制度建设的构想，提出共产党人多年的革命目的在于"建设一个中华民族的新社会和新国家"，这个新国家"是在无产阶级领导下的一切反帝反封建的人们联合专政的民主共和国"；同时，毛泽东还提出了新民主主义共和国的国体——各革命阶级联合专政，政体——民主集中制。[1]1945年4月，毛泽东在党的七大上作《论联合政府》的政治报告，进一步指出，在彻底打败日本侵略者后，要"建立一个以全国绝对大多数人民为基础而在工人阶级领导之下的统一战线的民主联盟的国家制度"[2]。

解放战争时期，中国共产党进一步丰富民主制度形式和参与机制，探索中国民主制度建设之路。1948年9月，毛泽东在中共中央政治局会议上指出："我们政权的阶级性是这样：无产阶级领导的，以工农联盟为基础，但不是仅仅工农，还有资产阶级民主分子参加的人民民主专政。"[3]毛泽东将"人民民主专政"与政权性质相联系，初步阐释了人民民主专政的内涵。1949年3月，毛泽东在党的七届二中全会上进一步指出："无产阶级领导的以工农联盟为基础的人民民主专政，要求我们党去认真地团结全体工人阶级、全体农民阶级和广大的革命知识分子，这些是这个专政的领导力量和基础力量。"[4]同年6月，毛泽东发表《论人民民主专政》，标志着人民民主

---

[1]《毛泽东选集》第2卷，人民出版社1991年版，第663、675、677页。
[2]《毛泽东选集》第3卷，人民出版社1991年版，第1056页。
[3]《建党以来重要文献选编》第25册，中央文献出版社2011年版，第446页。
[4]《建党以来重要文献选编》第26册，中央文献出版社2011年版，第169页。

第三章
中国共产党对天下为公的不懈求索

专政理论的成熟。毛泽东在文章中强调:"总结我们的经验,集中到一点,就是工人阶级(经过共产党)领导的以工农联盟为基础的人民民主专政。"① 中国共产党在各解放区积极召开人民代表会议,广泛发动群众参与民主政权建设,为新中国成立后人民当家作主制度的构建奠定了基础,准备了条件。

从土地革命战争时期的工农兵苏维埃政权,到抗日战争时期的抗日民主政权,再到解放战争时期的人民民主政权,新民主主义革命时期中国共产党对人民民主的理论探索与实践创新,既体现了中国共产党对天下为公的向往,又反映了中国共产党为实现天下为公所作的努力。可以说,我们党自成立之日起就致力于建设人民当家作主的新社会,提出了关于未来国家制度的主张,并领导人民为之进行斗争。

二、没收地主的土地,分配给无地和少地的农民

近代以后,中国人民深受三座大山的压迫,生活极度困苦,劳动者成为"机器的附属物",劳动所得"多半不能维持自己生活","简直是和牛马一样"。② 要实现天下为公,必须彻底改变这种民不聊生的状况。早在 1925 年 12 月,毛泽东就在《〈政治周报〉发刊理由》中写道:"为什么要革命?为了使中华民族得到解放,为了实

---

① 《毛泽东选集》第 4 卷,人民出版社 1991 年版,第 1480 页。
② 《建党以来重要文献选编》第 1 册,中央文献出版社 2011 年版,第 45 页。

读懂天下为公

现人民的统治,为了使人民得到经济的幸福。"[1]中国共产党致力于带领人民群众改变贫穷落后的面貌,为消灭剥削、消除私有制、缩小贫富差距不懈奋斗。党的一大通过的政治纲领提出要"消灭资本家私有制,没收机器、土地、厂房和半成品等生产资料,归社会公有"[2];而后,党的二大明确将"建立劳农专政的政治,铲除私有财产制度,渐次达到一个共产主义的社会"[3]作为最高纲领。可见,消灭私有制、建立公有制是共产党人的纲领性目标和根本任务。毛泽东在《新民主主义论》中指出:"中国有一句老话:'有饭大家吃。'这是很有道理的。既然有敌大家打,就应该有饭大家吃,有事大家做,有书大家读。"[4]这生动展现了中国共产党对建立天下为公的大同社会的憧憬。

中国是一个农业大国,农民占全国人口的绝大多数。中国革命实质上是农民革命,农民问题是中国革命的基本问题。土地是农民赖以生存的最基本的生产资料,然而两千多年的封建土地所有制使农民与地主阶级在土地分配上差距巨大,"占乡村人口不到百分之十的地主和富农,占有约百分之七十至八十的土地,他们借此残酷地剥削农民。而占乡村人口百分之九十以上的贫农、雇农、中农及其他人民,却总共只占有约百分之二十至三十的土地,他们终年劳动,不得温饱"[5]。要实现天下为公,必须解决农民土地分配不均问

---

[1]《毛泽东年谱(1893—1949)》上卷,中央文献出版社2002年版,第145页。
[2]《建党以来重要文献选编》第1册,中央文献出版社2011年版,第1页。
[3]《建党以来重要文献选编》第1册,中央文献出版社2011年版,第133页。
[4]《毛泽东选集》第2卷,人民出版社1991年版,第683页。
[5]《建国以来重要文献选编》第1册,中央文献出版社2011年版,第254页。

第三章
中国共产党对天下为公的不懈求索

题。因此,在具体的革命实践中,中国共产党将革命斗争与经济建设相结合,实行土地革命,主张"没收地主的土地,分配给无地和少地的农民,实行中山先生'耕者有其田'的口号,扫除农村中的封建关系"[1],将农民从封建土地关系中解放出来,使农民成为土地真正的主人。

早在建党初期,中国共产党就开始关注农民土地问题,在浙江萧山、广东海陆丰等地区开展农民运动。1921年9月,浙江萧山衙前村建立起反抗地主压迫和剥削的农民协会,并于9月27日召开衙前村农民大会。大会通过了《衙前农民协会宣言》和《衙前农民协会章程》。周围村庄的农民也纷纷行动起来,先后建立80个农民协会,这些农民协会为维护农民利益进行了多方面斗争。广东海陆丰的农民运动,是建党初期范围广、影响大的一次农民运动。1922年7月,赤山约第一个秘密农会成立;同年10月25日,赤山约农会召开成立大会,并宣布赤山约农会的宣言和章程;1923年1月1日,海丰总农会成立大会在海丰县城召开,会议通过海丰总农会章程,选举彭湃为总农会会长。此后,农会不断发展壮大,为后来更大规模的农民运动埋下火种,提供了宝贵经验。[2]

大革命时期,中国共产党深刻认识到国民革命之胜利必须团结一切可以团结的力量,设法推进与中国国民党的合作。1924年1月,中国国民党第一次全国代表大会召开,标志着第一次国共合作

---

[1] 《毛泽东选集》第2卷,人民出版社1991年版,第678页。
[2] 《中国共产党历史第一卷(1921—1949)》上册,中共党史出版社2011年版,第95—96页。

的正式形成。这次大会事实上确定了联俄、联共、扶助农工的政策，提出了改善农民生活的规定："农民之缺乏田地沦为佃户者，国家当给以土地，资其耕作，并为之整顿水利，移殖荒徼，以均地力。农民之缺乏资本至于高利借贷以负债终身者，国家为之筹设调剂机关，如农民银行等，供其匮乏，然后农民得享人生应有之乐。"[①] 在"扶助农工"政策的支持下，国共两党共同创办了广州农民运动讲习所，培养了大批农民运动骨干，促进了全国农民运动的发展。

1927年大革命失败后，中国共产党领导的人民革命斗争进入最艰苦的时期，即土地革命战争时期。为了审查和纠正党在大革命后期的错误，制定新的路线和政策，中共中央在危急时刻召开八七会议，正式确定实行土地革命和武装反抗国民党反动派的总方针。关于土地革命，会议明确将解决农民的土地问题作为现阶段的中心任务，提出要没收大地主、中地主的土地以及一切所谓公产的祠族庙宇等土地，将其分给佃农或无地的农民。秋收起义失败后，毛泽东带领起义军首先来到井冈山，开始创建井冈山革命根据地的艰苦斗争。井冈山革命根据地的斗争是同土地革命分不开的。在中国共产党的领导下，根据地人民开展了打土豪、分田地的斗争。1928年10月14日至16日，毛泽东在湘赣边界党的第二次代表大会上总结了一年土地革命斗争的经验，并于当年12月主持制定了《井冈山土地法》。《井冈山土地法》规定，"没收一切土地归苏维埃政府所有"，分配土地的数量标准是："（一）以人口为标准，男女老幼平均分配。（二）以劳动力为标准，能劳动者比不能劳动者多分土地

[①]《孙中山选集》下，人民出版社2011年版，第616页。

第三章
中国共产党对天下为公的不懈求索

一倍。"① 作为中国共产党历史上第一部土地法,《井冈山土地法》第一次以法律形式保障了农民对土地的合法权益,在中国土地革命斗争中具有里程碑意义。但由于缺乏实践经验,这部土地法也存在原则性的错误。例如,在没收问题上,规定没收一切土地,而不只是没收地主阶级的土地。1929年4月,毛泽东在总结赣南土地革命经验的基础上,制定了《兴国县土地法》,将"没收一切土地"改为"没收一切公共土地及地主阶级的土地"②,纠正了土地革命斗争的偏差,坚持了土地革命的正确方向。在此后的土地革命实践中,中国共产党进一步完善了关于土地革命的理论与政策,基本上形成了一套比较切实可行的土地革命的路线、政策和方法,如依靠贫农,联合中农,限制富农,消灭地主阶级,变封建的土地所有制为农民的土地所有制,等等。③

抗日战争时期,中日民族矛盾上升为主要矛盾,"中国土地属于日本人,还是属于中国人,这是首先待解决的问题"④。为建立和巩固抗日民族统一战线,发展各抗日根据地经济,改善民生,洛川会议通过的《抗日救国十大纲领》将减租减息确立为抗战时期处理土地问题的基本政策,其后,各抗日根据地发出"二五减租""分半减息""一分减息"的号召,并陆续开展大规模的减租减息运动。为了推动减租减息运动的普遍实行,1942年1月,中共中央发布

---

① 《建党以来重要文献选编》第5册,中央文献出版社2011年版,第814页。
② 《建党以来重要文献选编》第6册,中央文献出版社2011年版,第184页。
③ 《中国共产党历史第一卷(1921—1949)》上册,中共党史出版社2011年版,第286页。
④ 《毛泽东选集》第1卷,人民出版社1991年版,第260页。

读懂天下为公

《关于抗日根据地土地政策的决定》，对减租减息政策及执行办法作了明确、全面的规定。例如，提出"扶助农民，减轻地主的封建剥削"，在"保障农民的人权、政权、地权、财权之后，又须保障地主的人权、政权、地权、财权"，在一定条件下"奖励富农生产与联合富农"[1]，等等。减租减息政策适当调节了根据地内的生产关系和阶级关系，减轻了广大劳动人民的生活负担，激发了他们的抗战热情和生产积极性，对于抗日民族统一战线的巩固具有重要推动作用。

解放战争时期，为了适应形势的需要，1946年5月4日，中共中央发布《关于土地问题的指示》，及时将抗日战争时期的减租减息政策转变为"耕者有其田"的政策，到1947年下半年，解放区2/3的地方已基本实现了"耕者有其田"。为推动解放区土改运动进一步发展，1947年10月，中国共产党正式颁布《中国土地法大纲》，明确规定："废除封建性及半封建性剥削的土地制度，实行耕者有其田的土地制度。"[2]《中国土地法大纲》是一个彻底反封建的土地革命纲领。这个大纲公布后，各解放区掀起了轰轰烈烈的平分土地运动。到1949年上半年，解放区2.7亿人口中，有1.51亿人完成土地改革，有1亿农民分到了大约3.7亿亩的土地，同时还分到了粮食、住房、衣物、农具、牲畜等财产，基本废除了封建土地制度。

土地制度改革，是中国共产党领导中国人民从根本上摧毁中国封建制度根基的社会大变革，使农民成为土地的主人，彻底摆脱了

---

[1]《建党以来重要文献选编》第19册，中央文献出版社2011年版，第20页。
[2]《建党以来重要文献选编》第24册，中央文献出版社2011年版，第417页。

第三章
中国共产党对天下为公的不懈求索

地主阶级的苛重地租剥削和高利贷剥削，提高了发展生产的积极性，同时有力推动我们党取得和巩固新生的人民政权，为实现天下为公的理想奠定了经济基础。

三、中国革命是世界革命的一部分

为人类谋进步、为世界谋大同是中国共产党人视野下天下为公的重要内涵。早在1921年1月，毛泽东在新民学会长沙会员新年大会上就提出"中国问题本来是世界的问题，然从事中国改造不着眼及于世界改造，则所改造必为狭义，必妨碍世界"[1]。在新民主主义革命时期，中国共产党将中国的前途命运与世界的前途命运相关联，提出"中国革命是世界革命的一部分"[2]，以世界的眼光看待中国革命，在追求中国的独立解放的同时，也关注和支持各国的无产阶级革命运动和被压迫民族的解放运动。

（一）中国革命是国际共产主义运动的重要组成部分

十月革命开创了人类历史新纪元，将世界革命划分为旧的资产阶级世界革命和新的无产阶级社会主义世界革命。中国共产党成立后所进行的革命是无产阶级领导的新民主主义革命，"不再是旧的资产阶级和资本主义的世界革命的一部分，而是新的世界革命的一部

---

[1]《毛泽东文集》第1卷，人民出版社1993年版，第1页。
[2]《毛泽东选集》第2卷，人民出版社1991年版，第666页。

读懂天下为公

分,即无产阶级社会主义世界革命的一部分了"[1]。作为世界无产阶级革命的一部分,中国共产党在革命进程中以实现共产主义为目标,不断加强与共产国际的联系。1921年,在共产国际的帮助下,党的一大召开。会议通过的党纲明确提出要"联合第三国际",这表明党自成立之日起就高度重视与共产国际的联系。1922年,党的二大通过的《中国共产党加入第三国际决议案》指出,中国革命"要和世界无产阶级联合起来,才足以增加革命的效力"。中国共产党加入共产国际,成为共产国际的一个支部,这在当时是必要的也是必然的,对当时中国革命的发展无疑具有积极的推动作用。

在马克思主义的指导与共产国际的帮助下,中国共产党赋予天下为公以共产主义远大理想的全新意蕴,在具体实践中把对天下为公的向往转化为对实现共产主义的追求。大革命时期,毛泽东指出:"现代殖民地半殖民地的革命,乃小资产阶级、半无产阶级、无产阶级这三个阶级合作的革命……其终极是要消灭全世界的帝国主义,建设一个真正平等自由的世界联盟(即孙先生所主张的人类平等、世界大同)。"[2]这里的"世界大同"是作为中国革命乃至世界革命的目标出现的,指的就是共产主义理想。1935年10月,毛泽东在《念奴娇·昆仑》中写道:"而今我谓昆仑:不要这高,不要这多雪。安得倚天抽宝剑,把汝裁为三截?一截遗欧,一截赠美,一截还东国。太平世界,环球同此凉热。"[3]其中,"太平世界,环球同此凉热"生

---

[1]《毛泽东选集》第2卷,人民出版社1991年版,第668页。
[2]《毛泽东文集》第1卷,人民出版社1993年版,第25页。
[3]《毛泽东年谱(1893—1949)》上卷,中央文献出版社2002年版,第478页。

第三章
中国共产党对天下为公的不懈求索

动展现了中国共产党对天下为公的大同社会和人民普遍幸福的共产主义社会的追求。1937年3月，毛泽东和美国记者史沫特莱谈话时指出："中国共产党人是国际主义者，他们主张世界大同运动；但同时又是保卫祖国的爱国主义者，为了保卫祖国，愿意抵抗日本到最后一滴血。十五年来共产党领导的民族解放斗争，是人人皆知的事实。这种爱国主义与国际主义并不冲突，因为只有中国的独立解放，才有可能去参加世界的大同运动。"[1] 这里所说的"世界的大同运动"实际上就是指国际共产主义运动，表明中国共产党领导的中国革命是国际共产主义运动的重要组成部分，中国共产党在领导中国人民进行民族解放斗争的同时，积极推进国际共产主义运动发展。新中国成立前夕，毛泽东在《论人民民主专政》中展望未来的理想世界，阐述了实现大同社会或共产主义社会的方法，"对于工人阶级、劳动人民和共产党，则不是什么被推翻的问题，而是努力工作，创设条件，使阶级、国家权力和政党很自然地归于消灭，使人类进到大同境域"[2]。

综上所述，中国共产党在新民主主义革命时期以高远视野把握中国和世界发展大势，将中国革命与人类进步事业紧密联系起来，以中国革命助推世界无产阶级革命，为实现天下为公的理想不懈奋斗。

---

[1]《毛泽东文集》第1卷，人民出版社1993年版，第484页。
[2]《毛泽东选集》第4卷，人民出版社1991年版，第1469页。

（二）中国的抗日民族统一战线和世界的和平阵线相结合

第二次世界大战期间，中国深受日本法西斯主义的戕害。1931年，日本发动九一八事变，中国率先开始了反法西斯战争；1937年7月7日，日本发动七七事变，中国的抗日战争进入全民族抗战阶段。中国共产党是抗日战争的中流砥柱，为世界反法西斯战争胜利和捍卫人类和平事业作出了重大贡献，展现了中国共产党天下为公的博大胸怀。

面对日本法西斯的侵略，毛泽东在中国共产党和中国人民面前提出"中国的抗日民族统一战线和世界的和平阵线相结合"的主张，一方面在国内团结一切抗日力量组建抗日民族统一战线，另一方面在国际上积极倡导成立和扩大世界反法西斯统一战线。早在1935年，根据共产国际第七次代表大会提出的建立反法西斯统一战线倡议，中国共产党就初步提出建立统一战线的设想，"同一切和日本帝国主义及其走狗卖国贼相反对的国家，党派，甚至个人，进行必要的谅解，妥协，建立国交，订立同盟条约等等的交涉"[1]。随着日本法西斯的步步紧逼，中国共产党日益认识到建立反法西斯统一战线的必要性和紧迫性。1937年7月23日，发布《中共中央为日本帝国主义进攻华北第二次宣言》，号召"立刻实现抗日的积极外交，拥护国际和平阵线，反对法西斯侵略阵线同英、美、法、苏等国订立各种有利于抗日救国的协定"[2]。同年9月，毛泽东再次强调建立反法西斯统一战线的可能性与必要性，"不但在中国，而且

---

[1]《建党以来重要文献选编》第12册，中央文献出版社2011年版，第546页。
[2]《建党以来重要文献选编》第14册，中央文献出版社2011年版，第391页。

第三章
中国共产党对天下为公的不懈求索

在世界范围内，为了共同反对法西斯，建立反法西斯的统一战线也有了必需和可能"①。1941年6月苏德战争爆发后，建立世界反法西斯统一战线的进程进一步加快，毛泽东数次阐述全世界联合起来反对法西斯主义的使命。1941年6月23日，毛泽东在为中共中央起草的《关于反法西斯的国际统一战线的决定》中指出："目前共产党人在全世界的任务是动员各国人民组织国际统一战线，为着反对法西斯而斗争，为着保卫苏联、保卫中国、保卫一切民族的自由和独立而斗争。在目前时期，一切力量须集中于反对法西斯奴役。"②1942年元旦，中、美、苏、英等26个国家签署《联合国家宣言》，世界反法西斯统一战线正式形成。中国共产党、全世界各国共产党以及一切反法西斯力量在当时的主要任务就是"打败人类公敌法西斯侵略者德、意、日"③。世界反法西斯统一战线的建立，壮大了世界各民族争取民族解放的力量，成为加速法西斯灭亡、取得反法西斯战争胜利的重要法宝。

早在全面抗战初期，毛泽东就指出："中国的抗战不但为了自救，且在全世界反法西斯阵线中尽了它的伟大责任。"④中国共产党领导的抗日武装，成功牵制了日军主力，有力支援了欧洲和太平洋以及亚洲其他地区的反法西斯战争，粉碎了法西斯瓜分全球、称霸世界的图谋。中国共产党人在抗日战争中所表现出来的不怕牺牲的

---

① 《毛泽东选集》第2卷，人民出版社1991年版，第368页。
② 《毛泽东选集》第3卷，人民出版社1991年版，第806页。
③ 《毛泽东年谱（1893—1949）》中卷，中央文献出版社2002年版，第447页。
④ 《毛泽东年谱（1893—1949）》中卷，中央文献出版社2002年版，第34页。

大无畏精神和天下为公的博大胸怀，赢得了世界爱好和平国家和人民的尊敬。

第二节　社会主义革命和建设时期对天下为公的探索与实践

社会主义革命和建设时期，我国确立了人民民主专政的国体、人民代表大会制度的政体、中国特色政党制度、民族区域自治制度，为实现天下为公奠定了根本的政治前提和制度基础。在经济上，基本完成了对生产资料私有制的社会主义改造，建立起社会主义经济制度，为实现天下为公奠定了坚实的经济基础。在国际交往中，支持和援助被压迫民族解放事业、新独立国家建设事业和各国人民正义斗争，为维护世界和平与发展作出重要贡献。这些都展现了中国共产党对天下为公的追求。

一、中华人民共和国的一切权力属于人民

新中国的成立，彻底结束了极少数剥削者统治广大劳动人民的历史，建立起一个前所未有的人民当家作主的新型政权，实现了中国从几千年封建专制政治向人民民主的伟大飞跃，广大劳动人民的政治、经济、文化和社会地位发生根本性转变，真正成为国家的主

第三章
中国共产党对天下为公的不懈求索

人。而能否在全国范围内建立起真正保证中国人民行使当家作主权利的政治制度是新政权的重要课题，关系国家和民族的前途命运。

（一）人民民主专政国体的确立

新中国成立前夕，毛泽东在《论人民民主专政》中全面准确地阐述了人民民主专政理论，科学回答了什么是人民民主专政、为什么要实行人民民主专政、如何实行人民民主专政等重大理论和实践问题，为即将诞生的新中国提供了理论指导。1949年9月29日，中国人民政治协商会议第一届全体会议通过的《中国人民政治协商会议共同纲领》（以下简称《共同纲领》）规定："中华人民共和国为新民主主义即人民民主主义的国家，实行工人阶级领导的，以工农联盟为基础的、团结各民主阶级和国内各民族的人民民主专政"[1]，将人民民主专政确定为新中国的国体。1954年9月20日，第一届全国人民代表大会第一次会议通过的《中华人民共和国宪法》进一步规定："中华人民共和国是工人阶级领导的、以工农联盟为基础的人民民主国家。"[2]以国家根本大法的形式确立了中华人民共和国的国家性质。人民民主专政的国体是一种适合我国国情的无产阶级专政新形式，它既不同于其他社会主义国家的无产阶级专政，又不同于资本主义国家的资产阶级专政，而是坚持民主与专政的有机统一，从而有力地保障人民当家作主，是实现天下为公的前提和基础。

---

[1]《建国以来重要文献选编》第1册，中央文献出版社2011年版，第2页。
[2]《建国以来重要文献选编》第5册，中央文献出版社2011年版，第450—451页。

（二）人民代表大会制度政体的确立

人民代表大会制度是我国的政体，是我国的根本政治制度，是实现人民当家作主的根本途径和最高实现形式。早在抗日战争时期，毛泽东就提出了建立人民代表大会制度政体的构想。1940年1月9日，毛泽东在陕甘宁边区文化协会第一次代表大会上指出："没有适当形式的政权机关，就不能代表国家。中国现在可以采取全国人民代表大会、省人民代表大会、县人民代表大会、区人民代表大会直到乡人民代表大会的系统，并由各级代表大会选举政府。"①《共同纲领》进一步规定："中华人民共和国的国家政权属于人民。人民行使国家政权的机关为各级人民代表大会和各级人民政府。各级人民代表大会由人民用普选方法产生之。各级人民代表大会选举各级人民政府。"②这明确了人民代表大会制度的政体。但由于当时举行全国普选、召开各级人民代表大会的条件还不成熟，因此采取了各界人民代表会议的过渡形式。在各界人民代表会议上，人民群众深切感受到人民当家作主。清代翰林潘龄皋在北京市第二届各界人民代表会议闭幕时激动地说道，"新民主比封建制度好过千万倍。封建时代老百姓都不能说话，受苦受压迫也不许说话。现在老百姓在新民主主义之下，不仅可以说话，而且说要怎么办，就能怎么办……在这三天大会中，我的感想是我们真正到了大同盛世"③。

随着国内政治局势的稳定和国民经济的恢复，召开全国人民代

---

① 《毛泽东选集》第2卷，人民出版社1991年版，第677页。
② 《建国以来重要文献选编》第1册，中央文献出版社2011年版，第3页。
③ 郑文阳：《各界人民代表会议》，《中国人大》2014年第12期。

第三章
中国共产党对天下为公的不懈求索

表大会及地方各级人民代表大会的条件已经成熟。1954年9月15日，第一届全国人民代表大会第一次会议召开，标志着人民代表大会制度作为我国的根本政治制度正式确立。会议通过的《中华人民共和国宪法》明确规定："中华人民共和国的一切权力属于人民。人民行使权力的机关是全国人民代表大会和地方各级人民代表大会。"[1]以根本大法的形式确立了人民在国家中的地位，保障了人民当家作主，展现了我国人民民主的鲜明特色和显著优势。人民代表大会制度的确立，是中国人民翻身做主的必然选择，在中国共产党为实现天下为公的奋斗历史中具有重要意义。

（三）中国共产党领导的多党合作和政治协商制度的确立

中国共产党领导的多党合作和政治协商制度是中国特色的政党制度。1949年9月，中国人民政治协商会议第一届全体会议召开，标志着中国共产党领导的多党合作和政治协商制度正式确立。1954年12月，全国政协二届一次会议召开，会议通过的《中国人民政治协商会议章程》指出，中国人民政治协商会议是"团结全国各民族、各民主阶级、各民主党派、各人民团体、国外华侨和其他爱国民主人士的人民民主统一战线的组织"[2]。这次会议明确了全国人民代表大会召开后人民政协的性质、地位、作用和任务，进一步巩固了人民民主统一战线，为长期坚持中国特色政党制度奠定坚实基础。1956年4月，毛泽东在《论十大关系》中进一步指出："究竟是一个

---

[1]《建国以来重要文献选编》第5册，中央文献出版社2011年版，第451页。
[2]《建国以来重要文献选编》第5册，中央文献出版社2011年版，第607页。

党好,还是几个党好?现在看来,恐怕是几个党好。不但过去如此,而且将来也可以如此,就是长期共存,互相监督。"①这是首次提出中国共产党与各民主党派要"长期共存,互相监督"。同年9月,党的八大把"长期共存,互相监督"确定为中国共产党与各民主党派团结合作的基本方针,奠定了社会主义条件下多党合作的理论基石和基本格局。中国共产党领导的多党合作和政治协商制度既不同于西方国家的两党制或多党制,也有别于苏联的一党制,它以平等合作和充分协商为特征。在中国共产党的领导下,各民主党派和社会各界代表人士通过不同层级、不同领域、不同界别的政治协商渠道,围绕政治经济文化社会发展中的重大问题进行充分协商,具有有效反映社会各方面的呼声愿望、广泛代表最广大人民根本利益等方面的巨大优势,为实现人民当家作主提供了重要制度保障。

(四)民族区域自治制度的确立

中国自古以来就是一个统一的多民族国家,多元一体一直是中华民族的显著特征。各民族群众在长期交往中,共同书写了中国悠久的历史、创造了绚烂的中华文明。旧中国长期存在着民族歧视和民族压迫,因此,中国共产党在致力于民族独立时,也追求民族平等。1945年10月23日,中共中央提出在内蒙古实行区域自治的基本工作方针;1947年5月1日,中国共产党领导下的第一个省级民族自治政权——内蒙古自治政府宣告成立,开辟了中国特色民族发展的新道路。1949年9月通过的《共同纲领》用专章阐述了新中国

---

① 《毛泽东文集》第7卷,人民出版社1999年版,第34页。

的民族政策,并将民族区域自治制度确定为一项基本政策和重要政治制度。1956年4月,毛泽东在《论十大关系》中论述汉族与少数民族关系时进一步提出,既着重反对大汉族主义,又反对地方民族主义。人民当家作主一个人也不能少,一个民族也不能少。在旧中国,各民族地位是不平等的;而民族区域自治制度的确立,保障了少数民族的合法权利,为各民族共同当家作主、参与国家事务管理,促进各民族团结互助和发展进步,从而实现天下为公奠定了制度基础。

二、使生产资料的社会主义所有制成为我国国家和社会的唯一的经济基础

早在新民主主义革命时期,毛泽东就指出:"中国的经济,一定要走'节制资本'和'平均地权'的路,决不能是'少数人所得而私',决不能让少数资本家少数地主'操纵国民生计',决不能建立欧美式的资本主义社会,也决不能还是旧的半封建社会。"[①] 新中国成立后,如何克服旧的生产关系对生产力发展的阻碍,完成对生产资料私有制的社会主义改造,建立社会主义公有制经济,是摆在中国共产党面前的重要任务。

由于长期的战争破坏,新中国接手的是一个一穷二白、经济基础薄弱的烂摊子。新中国成立初期,为了恢复和发展国民经济、积累物质基础,向社会主义转变,中国共产党一方面实行大规模的土

[①]《毛泽东选集》第2卷,人民出版社1991年版,第678—679页。

读懂天下为公

地改革，废除封建土地所有制；另一方面建立和发展国营经济，合理调整工商业，使新中国成立前遭到严重破坏的国民经济得到恢复，并有了初步发展。

1950年6月，《中华人民共和国土地改革法》颁布，随即在全国掀起了一场轰轰烈烈的土地改革运动。从1950年冬到1952年底，全国除一部分少数民族地区外，基本完成了土地改革，彻底摧毁了封建剥削制度，使深受剥削压迫的农民获得了土地和大批生产资料，真正实现了数千年来"耕者有其田"的奋斗目标。为了不失时机地引导农民走互助合作道路，1951年9月，中共中央召开第一次农业互助合作会议，会议通过的《中共中央关于农业生产互助合作的决议（草案）》强调，各级党委要注意发扬农民个体经济和互助合作这两种生产积极性，提倡农民"组织起来"，按照自愿和互利的原则，发展互助合作。这实际上为引导农民走上集体化道路奠定了基础。

在新民主主义社会条件下，社会主义性质的国营经济、半社会主义性质的合作社经济、农民和手工业者的个体经济、私人资本主义经济和国家资本主义经济五种经济成分并存。其中，国营经济是社会主义性质的经济，因此，确立其国民经济的领导地位是新民主主义经济向社会主义经济过渡的关键所在。新中国成立初期，通过没收官僚资本及敌产、继承解放区公营经济和外资企业转让等，我国建立起在国民经济中占领导地位的国营经济。此时期，虽然允许私人资本主义存在，但对私人资本主义采取限制政策。早在新中国成立前夕，党的七届二中全会报告就提出："中国资本主义的存在和发展，不是如同资本主义国家那样不受限制任其泛滥的。它将从几

第三章
中国共产党对天下为公的不懈求索

个方面被限制——在活动范围方面,在税收政策方面,在市场价格方面,在劳动条件方面。"[1]发展国营经济,限制私人资本主义,使国民经济成分中社会主义因素不断增加,加速新民主主义社会向社会主义社会转变的进程。

与此同时,对工商业的调整也提上日程。1950年6月,党的七届三中全会召开,会议将合理调整工商业作为实现国家财政经济状况基本好转的一个重要条件,指出要在"公私兼顾、劳资两利"的方针下,开展调整工商业的工作,主要包括调整公私关系、劳资关系和产销关系,重点是调整公私关系。具体来讲,通过扩大对私营工商业的加工订货和代购代销,调整税收负担,加强货币投放,人民政府和国营经济同私人资本主义经济之间的关系得到调整,帮助合法的私营工商业渡过困难,为资本主义工商业的社会主义改造做了初步的实践探索。

随着民主革命遗留任务的完成和国民经济的恢复,对生产资料私有制进行社会主义改造的条件逐渐成熟。1953年6月,中共中央政治局正式讨论和制定了中国共产党在过渡时期的总路线:"从中华人民共和国成立,到社会主义改造基本完成,这是一个过渡时期。党在这个过渡时期的总路线和总任务,是要在一个相当长的时期内,逐步实现国家的社会主义工业化,并逐步实现国家对农业、对手工业和对资本主义工商业的社会主义改造。""党在过渡时期的总路线的实质,就是使生产资料的社会主义所有制成为我国国家和社会的

---

[1]《毛泽东选集》第4卷,人民出版社1991年版,第1431页。

唯一的经济基础。"① 这条总路线明确向全国人民提出建设社会主义的伟大任务，是党在关键时刻采取的一个重大战略步骤。在过渡时期，我们党创造性地开辟了一条适合中国特点的社会主义改造道路。对农业的社会主义改造，遵循自愿互利原则，采取典型示范、逐步推广的方法，创造了从临时互助组和常年互助组，发展到半社会主义性质的初级农业生产合作社，再发展到社会主义性质的高级农业生产合作社的过渡形式。对手工业的社会主义改造，也采取了类似的方法。对资本主义工商业的社会主义改造，实行委托加工、计划订货、统购包销、委托经销代销、公私合营、全行业公私合营等一系列从低级到高级的国家资本主义的过渡形式，最后实现了对资产阶级的和平赎买。到1956年，我国绝大部分地区基本上完成了对农业、手工业和资本主义工商业的社会主义改造，基本上实现了生产资料公有制，建立起社会主义经济制度，为实现天下为公开辟了广阔道路。

值得注意的是，在对个体农业的社会主义改造中，我们党初步提出了"共同富裕"及实现共同富裕的路径。1953年12月颁布的《中共中央关于发展农业生产合作社的决议》指出："党在农村中工作的最根本的任务，就是要善于用明白易懂而为农民所能够接受的道理和办法去教育和促进农民群众逐步联合组织起来，逐步实行农业的社会主义改造，使农业能够由落后的小规模生产的个体经济变为先进的大规模生产的合作经济，以便逐步克服工业和农业这两个经济部门发展不相适应的矛盾，并使农民能够逐步完全摆脱贫困的

---

① 《毛泽东文集》第6卷，人民出版社1999年版，第316页。

第三章
中国共产党对天下为公的不懈求索

状况而取得共同富裕和普遍繁荣的生活。"[1] 这是在党的重要文件中第一次使用"共同富裕"一词。1955年7月,毛泽东在《关于农业合作化问题》的报告中指出,要"逐步地实现对于整个农业的社会主义的改造,即实行合作化,在农村中消灭富农经济制度和个体经济制度,使全体农村人民共同富裕起来"[2],提出实行农业合作化是实现农民共同富裕的重要措施。社会主义革命和建设时期的农业合作化,开启了我们党对共同富裕路径的初步探索,为实现天下为公提供了基本的路径指引。

此外,分配问题也是生产关系中的一个重要问题。按劳分配是社会主义制度的基本特征之一,是社会主义的基本分配原则。在实行社会主义改造的过程中,我们党也对按劳分配原则进行了探讨。1956年9月,中共中央、国务院颁布了《关于加强农业生产合作社的生产领导和组织建设的指示》,在论及合作社的分配工作时提出,"在分配中,必须坚持按劳取酬、多劳多得和男女同工同酬的原则,按阶级成分谁穷谁多得的原则或按人口分配的原则都是错误的。对于劳力少或劳力特别弱的社员和遭遇了不幸事故的社员,应该从生产安排方面,从公益金方面给予适当的照顾"[3]。毛泽东还鲜明地提出反对平均主义,认为平均主义是对按劳分配、多劳多得的社会主义原则的否认,强调"反对平均主义,是正确的;反过头了,会发生个人主义。过分悬殊也是不对的。我们的提法是既反

---

[1]《建国以来重要文献选编》第4册,中央文献出版社2011年版,第569—570页。
[2]《毛泽东文集》第6卷,人民出版社1999年版,第437页。
[3]《建国以来重要文献选编》第9册,中央文献出版社2011年版,第18页。

对平均主义,也反对过分悬殊"①。分配公平是实现天下为公的重要维度,社会主义革命和建设时期对分配制度的探索实践,对调节社会生产关系具有积极作用。

三、应当对人类有较大的贡献

中国是一个负责任的大国。新中国的成立,使占世界人口四分之一的东方大国站起来了。在美苏争霸的国际背景下,中国主动承担国际责任,在积极解决本国经济社会发展问题的同时,高度关注世界人民命运福祉,在维护世界和平稳定、支援被压迫民族和被压迫人民的解放斗争等方面作出重要贡献,在国际交往中进一步展现了对天下为公的目标追求。

(一)坚定地站在社会主义和世界和平民主阵营一边

第二次世界大战后,世界上逐渐形成以美苏两大强国相互对峙为特征的两极格局,出现美苏之间的矛盾同帝国主义与和平民主两大阵营、资本主义和社会主义两种社会制度相互对抗交织的局面,加之以美国为首的一些西方国家对新中国实行政治孤立、经济封锁、军事包围等,国际环境十分严峻复杂。基于这一形势,新中国在外交上奉行"另起炉灶""打扫干净屋子再请客""一边倒"的方针,坚定地站在社会主义和世界和平民主阵营一边。正如毛泽东所指出的:新中国"将联合一切爱好和平自由的国家、民族和人民,首先

---
① 《毛泽东文集》第8卷,人民出版社1999年版,第130页。

第三章
中国共产党对天下为公的不懈求索

是联合苏联和各新民主国家,以为自己的盟友,共同反对帝国主义者挑拨战争的阴谋,争取世界的持久和平"①。

1950年6月25日,朝鲜内战爆发,美国立即作出武装干涉朝鲜内战的决定,并派遣第七舰队侵入台湾海峡;10月初,美军把战火烧到中朝边境,直接威胁新中国的国家安全。对此,毛泽东指出:"如果让整个朝鲜被美国人占去了,朝鲜革命力量受到根本的失败,则美国侵略者将更为猖獗,于整个东方都是不利的。"②中央政治局多次召开会议,全面估计国内外形势,作出抗美援朝、保家卫国的历史性决策。经过两年零九个月,中国人民赢得了抗美援朝战争的胜利,打破了美军不可战胜的神话,挫败了美国称霸世界的狂妄野心,捍卫了新中国的国家安全,保卫了中国人民的和平生活,稳定了朝鲜半岛局势。彭德怀在《关于中国人民志愿军抗美援朝工作的报告》中指出:"西方侵略者几百年来只要在东方一个海岸上架起几尊大炮就可霸占一个国家的时代是一去不复返了,今天的任何帝国主义的侵略都是可以依靠人民的力量击败的。"③此外,抗美援朝战争还维护了亚洲乃至世界的和平与正义,极大地鼓舞了殖民地、半殖民地国家的民族独立和解放运动,极大地提高了中国的国际地位和国际影响力,中国负责任的大国形象日益为国际社会所承认。

---

① 《毛泽东文集》第5卷,人民出版社1996年版,第348页。
② 《毛泽东文集》第6卷,人民出版社1999年版,第97页。
③ 《建国以来重要文献选编》第4册,中央文献出版社2011年版,第327页。

（二）确立独立自主的和平外交政策

在新中国成立前夕，毛泽东就指出："中国人民愿意同世界各国人民实行友好合作，恢复和发展国际间的通商事业，以利发展生产和繁荣经济。"① 新中国成立后，中国积极发展同其他国家的友好交往和互利合作。1949年12月22日，毛泽东就准备对苏贸易条约等问题致电中共中央："据稼祥说，波兰、捷克、德国都想和我们做生意。似此，除苏联外又有这三个国家即将发生通商贸易关系。此外，英国、日本、美国、印度等国或已有生意或即将做生意。因此，你们在准备对苏贸易条约时应从统筹全局的观点出发，苏联当然是第一位，但同时要准备和波、捷、德、英、日、美等国做生意，其范围和数量要有一个大概的计算。"② 这表明，中国不拘意识形态差异，欢迎世界各国与中国开展经济贸易。

新中国坚持独立自主，积极谋求同世界各国和平共处，努力改善外部环境尤其是周边环境。在此背景下，中国领导人首次完整提出和平共处五项原则。1953年12月31日，周恩来在同印度政府代表团谈判时指出："新中国成立后就确立了处理中印两国关系的原则，那就是互相尊重领土主权、互不侵犯、互不干涉内政、平等互惠和和平共处的原则。"③ 该表述后来确定为：互相尊重主权和领土完整、互不侵犯、互不干涉内政、平等互利、和平共处五项原则。1954年6月，中国与印度、缅甸分别发表联合声明，声明中

---

① 《毛泽东选集》第4卷，人民出版社1991年版，第1466页。
② 《毛泽东年谱（1949—1976）》第1卷，中央文献出版社2013年版，第62页。
③ 《周恩来外交文选》，中央文献出版社1990年版，第63页。

第三章
中国共产党对天下为公的不懈求索

都写进了和平共处五项原则。和平共处五项原则作为国与国之间关系的准则,逐步得到国际的广泛认可。1955年4月,周恩来率团参加了在印度尼西亚万隆召开的亚非会议。周恩来在会议上再次强调,"根据互相尊重主权和领土完整、互不侵犯、互不干涉内政、平等互利的原则,社会制度不同的国家是可以实现和平共处的"[①]。但由于各国社会制度和意识形态的差异,与会代表针对某些重大问题产生了分歧,周恩来从亚非各国共同历史遭遇出发,提出"求同存异"的方针,缓解了会议紧张局面。会议通过的《亚非会议最后公报》吸收了中国代表团的建议,形成了和平共处、友好合作的十项原则。此后,和平共处五项原则和"求同存异"方针在国际上的影响日益扩大,对建立更加公正合理的国际政治经济新秩序具有重要促进作用。

20世纪60年代末至70年代初,国际形势发生重大变化,美国和苏联这两个超级大国争霸世界的矛盾日益加剧。苏联利用美国霸权地位的中落,加紧对外扩张,同美国争夺世界霸权,对世界和平构成了极大威胁。中国在反对美国霸权主义的同时,同苏联的霸权主义和大国沙文主义进行了坚决斗争。而这个时期国际形势的发展还有一个特点:广大的亚非拉国家反对美苏两个超级大国的干涉、控制、压迫,反帝、反殖民、反霸权斗争风起云涌。正是在这样的背景下,毛泽东逐渐形成关于"三个世界"划分的战略思想。早在1946年8月,毛泽东就提出"中间地带"的重要判断,即美苏之间隔着欧、亚、非等许多资本主义国家和殖民地、半殖民地国家。进

---

① 《周恩来外交文选》,中央文献出版社1990年版,第119页。

入 20 世纪 60 年代后,毛泽东进一步提出"两个中间地带"的战略判断,即一部分是指亚洲、非洲、拉丁美洲的广大经济落后的国家,另一部分是指以欧洲为代表的帝国主义国家和发达的资本主义国家。随着国际形势的变化,1974 年 2 月,毛泽东在会见赞比亚总统卡翁达时提出"三个世界"划分的理论,"我看美国、苏联是第一世界。中间派,日本、欧洲、澳大利亚、加拿大是第二世界。咱们是第三世界。美国、苏联原子弹多,也比较富。第二世界,欧洲、日本、澳大利亚、加拿大,原子弹没有那么多,也没有那么富,但是比较第三世界要富。第三世界人口很多。亚洲除了日本,都是第三世界"[①]。同年 4 月,邓小平率中国代表团出席联合国大会第六届特别会议,在会上系统阐述了毛泽东关于"三个世界"划分的战略思想。"三个世界"的划分理论超越了意识形态和社会制度的分歧,为组成最广泛的国际反霸统一战线提供了理论指导,推动了世界和平与发展,展现了中国共产党胸怀天下的使命担当。

(三)支持亚非拉国家争取和维护民族独立运动

第二次世界大战后,广大亚非拉国家的民族独立和解放运动也如火如荼地进行。中国高度关注和支持亚非拉国家的民族解放运动和各项正义事业,反对帝国主义、霸权主义、殖民主义、种族主义。刘少奇曾指出,"用一切可能的方法去援助亚洲各被压迫民族中的共产党和人民争取他们的解放,乃是中国共产党与中国人民不

---

① 《毛泽东年谱(1949—1976)》第 6 卷,中央文献出版社 2013 年版,第 520—521 页。

第三章
中国共产党对天下为公的不懈求索

可推辞的国际责任"①。毛泽东也认为,"亚洲、非洲和拉丁美洲各国的民族独立解放运动,以及世界上一切国家的和平运动和正义斗争,我们都必须给以积极的支持"②。

支持埃及收复苏伊士运河主权的斗争和支持阿尔及利亚人民争取民族独立的斗争,是中国支持广大亚非拉国家的民族解放运动的两个重要范例。1956年,埃及总统宣布收回苏伊士运河主权,英、法为了重新控制苏伊士运河,对埃及采取军事行动。中国共产党坚决支持埃及收回苏伊士运河主权,坚决反对任何侵犯埃及主权的行为和对埃及实行的武装干涉,并以2000万瑞士法郎现汇和价值10万元人民币的医药物资支援埃及政府和埃及人民的英勇斗争。中国还坚定不移地支持阿尔及利亚人民争取独立的斗争,反对法国的殖民主义政策。1958年9月19日,阿尔及利亚临时政府宣告成立,中国在其成立后第三天即予以承认,是第一个承认阿尔及利亚临时政府的非阿拉伯大国。1960年,阿尔及利亚共和国临时政府派团访华,毛泽东表示"我们是站在你们一边,不是站在戴高乐一边的,我们不怕戴高乐生气"③,鲜明地体现了中国对阿尔及利亚人民维护国家主权斗争的支持。在阿尔及利亚人民进行武装斗争期间,中国向其提供包括物资、军火和现汇在内的各类援助,还派出第一支援外医疗队帮助战后的阿尔及利亚重建医疗卫生系统。

在社会主义革命和建设时期,中国为亚非拉国家提供各项无

---

① 《刘少奇年谱(1898—1969)》下卷,中央文献出版社1996年版,第245页。
② 《毛泽东文集》第7卷,人民出版社1999年版,第116页。
③ 《毛泽东外交文选》,中央文献出版社、世界知识出版社1994年版,第418页。

读懂天下为公

偿援助，帮助各国克服发展瓶颈。1963年12月到1964年2月，周恩来出访非洲10个国家，在访问过程中，提出中国处理同非洲和阿拉伯国家关系五项原则和中国对外经济技术援助八项原则，为中国发展同非洲各国的友好合作关系起到了重要作用。1964年12月，周恩来在第三届全国人民代表大会第一次会议上进一步论述中国对外援助的精神和方针政策："我国对外援助的出发点是，根据无产阶级国际主义精神，支援社会主义兄弟国家进行建设，增强整个社会主义阵营的力量；支援未独立的国家取得独立；支援新独立的国家自力更生，发展民族经济，巩固自己的独立，增强各国人民团结反帝的力量。""我们仍然要在力所能及的范围内，认真地加强对外援助，努力做出更大的国际主义贡献。"[1] 援建坦赞铁路是中国对外援助的典范。20世纪60年代，坦桑尼亚和赞比亚为发展民族经济、巩固民族独立，急于修建一条铁路，然而两国向世界银行和西方国家寻求援建坦赞铁路的要求均遭拒绝。中国在自身经济困难的情况下，毅然作出援建坦赞铁路的重大决策。1967年6月，毛泽东在会见卡翁达时指出："先独立的国家有义务帮助后独立的国家。你们独立才两年半，还有很多困难。你们也帮助了未独立的国家。我们独立已有十八年了，更应该帮助他们。全世界如果不解放，中国这个国家就不可能最后解放自己，你们也不可能最后解放自己。"[2] 面对中国的无私帮助，卡翁达盛赞中国是"全天候朋友"。

---

[1]《在第三届全国人民代表大会第一次会议上 周恩来总理作政府工作报告》，《人民日报》1964年12月31日第1版。

[2]《毛泽东年谱（1949—1976）》第6卷，中央文献出版社2013年版，第94页。

第三章
中国共产党对天下为公的不懈求索

总而言之,新中国成立后,人民当家作主制度体系的巩固和发展以及公有制经济为主体的经济制度的确立,为实现天下为公奠定了坚实的基础。同时,中国共产党以国际主义精神为被压迫民族和人民提供帮助和支持,展现了中国共产党胸怀天下的宽阔胸襟。然而,必须看到的是,由于社会主义建设经验不足,加之建设过程中出现的急于求成的倾向,新中国的各项建设也经历了曲折。政治上,受阶级斗争扩大化的影响,我国社会主义民主政治建设遭到破坏;经济上,"大跃进"和人民公社化运动忽视经济发展的客观规律,使社会经济发展遭受严重挫折。1978年12月,党的十一届三中全会召开,重新确立马克思主义的思想路线、政治路线、组织路线,开启了改革开放和社会主义现代化建设新时期,实现了新中国成立以来党的历史上具有深远意义的伟大转折。

第三节　改革开放和社会主义现代化建设新时期对天下为公的探索与实践

改革开放和社会主义现代化建设新时期,我们党不断推进社会主义民主政治建设,健全和完善社会主义政治制度,为实现天下为公提供更加坚实的政治保证;对小康社会和共同富裕的理论探索与实践创新,为实现天下为公找到现实路径;在对外开放的过程中,坚持维护世界和平、促进共同发展的外交政策宗旨,积极构建公正合理的国际政治经济新秩序,深刻展现了我们党四海一家、天下为公的情怀。

一、发展社会主义民主,健全社会主义法制

改革开放和社会主义现代化建设新时期,中国共产党在总结社会主义民主建设经验教训的基础上,成功开辟和坚持了中国特色社会主义政治发展道路,不断推进社会主义民主政治制度化、法治化、程序化,为社会主义民主政治建设指明了正确方向、提供了实践遵循和理论指导。

党的十一届三中全会后,中国共产党从挫折中吸取了深刻教训,认识到法制在民主政治建设中的极端重要性,自觉将发展社会主义民主、健全社会主义法制作为社会主义现代化建设的重大任务。在党的十一届三中全会召开前夕,邓小平就指出:"为了保障人民民主,必须加强法制。必须使民主制度化、法律化,使这种制度和法律不因领导人的改变而改变,不因领导人的看法和注意力的改变而改变。"[1]据此,党的十一届三中全会提出:"为了保障人民民主,必须加强社会主义法制,使民主制度化、法律化,使这种制度和法律具有稳定性、连续性和极大的权威,做到有法可依,有法必依,执法必严,违法必究。"[2]将发展民主、加强法制作为社会主义现代化建设的基本任务,开启了社会主义民主法制建设的历史新时期。

此后,邓小平与其他党和国家领导人围绕民主与法制的关系,

---

[1]《邓小平文选》第2卷,人民出版社1994年版,第146页。
[2]《三中全会以来重要文献选编》上,中央文献出版社2011年版,第9页。

展开多次讨论。邓小平强调:"要继续发展社会主义民主,健全社会主义法制。这是三中全会以来中央坚定不移的基本方针,今后也决不允许有任何动摇。我们的民主制度还有不完善的地方,要制定一系列的法律、法令和条例,使民主制度化、法律化。社会主义民主和社会主义法制是不可分的。不要社会主义法制的民主,不要党的领导的民主,不要纪律和秩序的民主,决不是社会主义民主。"[1]叶剑英认为,"要正确处理民主与法制的关系:只有在充分发扬民主的基础上,才能确立健全的社会主义法制,也只有认真贯彻执行社会主义法制,才能切实保障人民的民主权利"[2]。彭真提出,"全国工作的着重点转移到社会主义现代化建设方面来。随着这个历史性的转变,我国必须认真地发展社会主义民主和健全社会主义法制。没有健全的社会主义法制,就很难发展社会主义民主"[3]。以邓小平同志为核心的党的第二代中央领导集体对发展社会主义民主和健全社会主义法制的重视,为社会主义民主政治建设明确了方向和重点。

完善立法是加强社会主义法制的基础,只有使改革开放和社会主义现代化建设的各项事业有法可依、有章可循,才能发展社会主义民主政治,切实保障人民当家作主。党的十一届三中全会提出,"从现在起,应当把立法工作摆到全国人民代表大会及其常务委员会的重要议程上来"[4]。1979年7月1日,五届全国人大二次会议审

---

[1]《邓小平文选》第2卷,人民出版社1994年版,第359页。
[2]《叶剑英选集》,人民出版社1996年版,第504页。
[3]《彭真文选(1941—1990)》,人民出版社1991年版,第368页。
[4]《三中全会以来重要文献选编》上,中央文献出版社2011年版,第9页。

议通过《中华人民共和国刑法》《中华人民共和国刑事诉讼法》《中华人民共和国地方各级人民代表大会和地方各级人民政府组织法》《中华人民共和国全国人民代表大会和地方各级人民代表大会选举法》《中华人民共和国人民法院组织法》《中华人民共和国人民检察院组织法》《中华人民共和国中外合资经营企业法》，迈出了加强和健全我国社会主义法制的一大步，有力促进了人民民主的制度化、法律化。1982年12月，五届全国人大五次会议审议通过新修改的《中华人民共和国宪法》。这部宪法是中国社会主义民主法制建设和政治体制改革的重要成果，对国家政治、经济、文化和社会各方面的根本性问题都作了明确规定，赋予了公民广泛的自由权利，保障了人民当家作主。

随着政治体制改革的推进，中国共产党对社会主义民主政治的认识逐渐深化，在治国理政的理论和实践上取得重大创新，提出依法治国的基本方略，形成坚持党的领导、人民当家作主、依法治国有机统一的基本方针，推动了中国特色社会主义民主政治的发展和完善。党的十五大报告不仅强调了制度建设在发展社会主义民主中的根本性、全局性、稳定性和长期性地位，还提出，"建设有中国特色社会主义的政治，就是在中国共产党领导下，在人民当家作主的基础上，依法治国，发展社会主义民主政治"，就是要"发展民主，健全法制，建设社会主义法治国家"。① 党的十五大把过去"建设社会主义法制国家"的提法改为"建设社会主义法治国家"，将依法治国作为党领导人民治理国家的基本方略加以贯彻，并将建设

---

① 《江泽民文选》第2卷，人民出版社2006年版，第17页。

社会主义法治国家作为社会主义民主政治建设的重要目标。1999年3月,九届全国人大二次会议将"实行依法治国,建设社会主义法治国家"写入宪法。这些实践和探索科学地解决了民主与法治的关系,依法治国成为民主发展的内在要求,社会主义民主法治建设不断加强。

苏联解体、东欧剧变后,中国共产党深刻认识到发展社会主义民主政治的重要性。1998年7月,江泽民在学习邓小平理论工作会议上指出:"我们的政治体制改革必须从中国的实际出发,绝不能照搬西方的多党制,不能搞三权分立、两院制那一套。推进社会主义民主政治建设,必须处理好党的领导、发扬民主、依法办事的关系。党的领导是关键,发扬民主是基础,依法办事是保证,绝不能把三者割裂开来、对立起来。"[1]2002年11月,党的十六大报告全面系统地论述了坚持党的领导、人民当家作主、依法治国有机统一的基本内涵:"我们党历来以实现和发展人民民主为己任。改革开放以来,我们坚定不移地推进政治体制改革,有力地促进了社会主义民主政治建设。发展社会主义民主政治,最根本的是要把坚持党的领导、人民当家作主和依法治国有机统一起来。党的领导是人民当家作主和依法治国的根本保证,人民当家作主是社会主义民主政治的本质要求,依法治国是党领导人民治理国家的基本方略。"[2]坚持党的领导、人民当家作主、依法治国有机统一,集中反映了我们党对社会主义民主政治建设规律认识的进一步深化,是我们党成

---

[1]《十五大以来重要文献选编》上,中央文献出版社2011年版,第431页。
[2]《江泽民文选》第3卷,人民出版社2006年版,第553页。

功开创中国特色社会主义政治发展道路的鲜明标志。

此外，基层民主建设也成就斐然。基层群众自治与人民群众利益密切相关，人民群众在城乡基层群众性自治组织中依法直接行使民主权利，依法管理自己的事情，是社会主义民主最直接、最广泛的实践。1989年和1998年分别通过的《中华人民共和国城市居民委员会组织法》和《中华人民共和国村民委员会组织法》，为深入推进基层群众自治制度提供了法治保障。党的十五大提出，"扩大基层民主，保证人民群众直接行使民主权利，依法管理自己的事情，创造自己的幸福生活，是社会主义民主最广泛的实践"[1]，将扩大基层民主作为政治建设的重要目标，不断推进基层民主实践。党的十七大首次将基层群众自治制度写入党代会报告，与人民代表大会制度、中国共产党领导的多党合作和政治协商制度、民族区域自治制度一起纳入中国特色社会主义政治制度的基本范畴，同时基层民主被视为发展社会主义民主政治的基础性工程重点推进。在中国共产党的领导下，基层民主制度不断健全完善，人民群众参与基层民主选举、民主决策、民主管理、民主监督的积极性和主动性日益提高，对保障人民主体地位、发扬人民民主具有重要意义。

二、建设小康社会，探索"逐步实现共同富裕"

消灭剥削、消除两极分化，最终达到共同富裕，是社会主义的本质要求和最终目标。早在社会主义革命和建设时期，毛泽东就提

---

[1]《江泽民文选》第2卷，人民出版社2006年版，第30页。

第三章
中国共产党对天下为公的不懈求索

出共同富裕的概念。党的十一届三中全会以后，以邓小平同志为主要代表的中国共产党人在探索"什么是社会主义、怎样建设社会主义"的过程中，将共同富裕与社会主义本质相结合，深刻揭示社会主义本质，实现了共同富裕思想的内涵升华和理论跃升。邓小平在南方谈话中提出："社会主义的本质，是解放生产力，发展生产力，消灭剥削，消除两极分化，最终达到共同富裕。"[①] 社会主义本质论的提出，是中国共产党带领中国人民艰辛探索和发展中国特色社会主义的产物，是对社会主义社会普遍规律的揭示，具有重大的理论和实践意义。

实现共同富裕是一个长期的历史过程，不可能一蹴而就。基于对社会主义发展的规律性认识，邓小平提出小康社会的奋斗目标。如果说实现共同富裕是社会主义的最终目标，那么建成小康社会就是实现共同富裕过程中的阶段性任务。1979年12月6日，邓小平在会见日本首相大平正芳时首次提出"小康之家"的概念，并将其与"中国式的四个现代化"联系起来，他指出："我们要实现的四个现代化，是中国式的四个现代化。我们的四个现代化的概念，不是像你们那样的现代化的概念，而是'小康之家'。"[②] 1984年3月25日，邓小平在会见日本首相中曾根康弘时，明确提出"小康社会"的构想，他指出："翻两番，国民生产总值人均达到八百美元，就是到本世纪末在中国建立一个小康社会。这个小康社会，叫做中国式的现代化。翻两番、小康社会、中国式的现代化，这些都是我们的

[①]《邓小平文选》第3卷，人民出版社1993年版，第373页。
[②]《邓小平文选》第2卷，人民出版社1994年版，第237页。

读懂天下为公

新概念。"①

此后,邓小平逐渐丰富、发展了这一思想,形成了关于小康社会的理论,并在此基础上提出"三步走"发展战略,明确了实现小康社会的目标和步骤。1987年4月,邓小平在会见西班牙工人社会党副书记、政府副首相格拉时指出:"我们原定的目标是,第一步在八十年代翻一番。以一九八〇年为基数,当时国民生产总值人均只有二百五十美元,翻一番,达到五百美元。第二步是到本世纪末,再翻一番,人均达到一千美元。实现这个目标意味着我们进入小康社会,把贫困的中国变成小康的中国。那时国民生产总值超过一万亿美元,虽然人均数还很低,但是国家的力量有很大增加。我们制定的目标更重要的还是第三步,在下世纪用三十年到五十年再翻两番,大体上达到人均四千美元。做到这一步,中国就达到中等发达的水平。"②这是邓小平第一次完整描绘"三步走"的发展战略。1987年10月,党的十三大正式确定"三步走"发展战略,"党的十一届三中全会以后,我国经济建设的战略部署大体分三步走。第一步,实现国民生产总值比一九八〇年翻一番,解决人民的温饱问题。这个任务已经基本实现。第二步,到本世纪末,使国民生产总值再增长一倍,人民生活达到小康水平。第三步,到下个世纪中叶,人均国民生产总值达到中等发达国家水平,人民生活比较富裕,基本实现现代化。然后,在这个基础上继续前进"③。到20世纪末,我国已

---

① 《邓小平文选》第3卷,人民出版社1993年版,第54页。
② 《邓小平文选》第3卷,人民出版社1993年版,第226页。
③ 《十三大以来重要文献选编》上,中央文献出版社2011年版,第14页。

第三章
中国共产党对天下为公的不懈求索

经胜利实现了"三步走"发展战略中的第一步、第二步目标，人民生活总体上达到小康水平。1997年9月，党的十五大又对第三步战略目标进行了具体规划，将其分成三个具体阶段和步骤：展望21世纪，我们的目标是，第一个10年实现国民生产总值比2000年翻一番，使人民的小康生活更加宽裕，形成比较完善的社会主义市场经济体制；再经过10年的努力，到建党100年时，使国民经济更加发展，各项制度更加完善；到21世纪中叶中华人民共和国成立100年时，基本实现现代化，建成富强民主文明的社会主义国家。

进入新世纪，我国人民生活总体上达到小康水平，但这一小康还是低水平的、不全面的、发展很不平衡的小康。江泽民立足新世纪的新问题、新变化，着眼于未来发展前景，在2000年10月召开的党的十五届五中全会上提出："从新世纪开始，我国将进入全面建设小康社会，加快推进社会主义现代化的新的发展阶段。"[①]2002年11月，党的十六大报告以"全面建设小康社会，开创中国特色社会主义事业新局面"为题，正式确立了全面建设小康社会的奋斗目标，从经济、政治、文化等方面勾勒了全面建设小康社会的蓝图并进行具体部署，顺应了人民对美好生活的向往。2007年10月，党的十七大提出到2020年全面建成小康社会的奋斗目标，并把"社会建设"与经济建设、政治建设、文化建设并列纳入中国特色社会主义事业总体布局。

我们党带领人民在全面建成小康社会的征程中，十分注重共同富裕，在实践中不断丰富和发展共同富裕思想。共同富裕不是均等

---

① 《十五大以来重要文献选编》中，中央文献出版社2011年版，第487页。

富裕,不是整齐划一的平均主义,而是普遍富裕基础上的差别富裕。在反对平均主义的基础上,我们提出"先富带后富"的战略构想。邓小平曾指出:"过去搞平均主义,吃'大锅饭',实际上是共同落后,共同贫穷,我们就是吃了这个亏。改革首先要打破平均主义,打破'大锅饭',现在看来这个路子是对的。"[①]这是邓小平对社会主义建设时期经验教训的总结和反思。在此基础上,邓小平明确提出反对平均主义,"我的一贯主张是,让一部分人、一部分地区先富起来,大原则是共同富裕。一部分地区发展快一点,带动大部分地区,这是加速发展、达到共同富裕的捷径"[②]。进入新世纪以后,面对新的机遇和挑战,中国共产党人继续坚持"先富带后富"的正确方略,江泽民提出,"在分配制度上,坚持以按劳分配为主体,其他分配方式为补充,允许和鼓励一部分地区、一部分人先富起来,逐步实现共同富裕,防止两极分化"[③]。胡锦涛指出:"正确处理按劳分配为主体和实行多种分配方式的关系,鼓励一部分地区、一部分人先富起来,注重社会公平,合理调整国民收入分配格局,切实采取有力措施解决地区之间和部分社会成员收入差距过大的问题,逐步实现全体人民共同富裕。"[④]在"先富带后富"战略的指导下,相关政策不断出台,使发展成果更多更好地惠及全体人民。

共同富裕不是少数人的富裕,也不是两极分化的富裕,而是全

---

① 《邓小平文选》第3卷,人民出版社1993年版,第155页。
② 《邓小平文选》第3卷,人民出版社1993年版,第166页。
③ 《江泽民文选》第1卷,人民出版社2006年版,第203页。
④ 《十六大以来重要文献选编》中,中央文献出版社2011年版,第278页。

第三章
中国共产党对天下为公的不懈求索

体人民的富裕。在探索共同富裕的历程中,中国共产党将社会主义基本制度与市场经济结合起来,建立起社会主义市场经济体制,创新了共同富裕的实现路径。市场经济的发展,提升了经济发展效率,但与此同时,居民收入差距也不断扩大,发展社会主义市场经济与实现社会主义公平之间的内在张力不断显现。能否正确处理效率与公平的关系,成为能否缩小收入差距、避免两极分化、实现共同富裕的重要问题。中国共产党不仅重视经济效率的提升,也十分注重社会的公平正义,积极协调效率与公平的关系,不断推进共同富裕。党的十四大报告指出:"在分配制度上,以按劳分配为主体,其他分配方式为补充,兼顾效率与公平。运用包括市场在内的各种调节手段,既鼓励先进,促进效率,合理拉开收入差距,又防止两极分化,逐步实现共同富裕。"[1]党的十四届三中全会提出"建立以按劳分配为主体,效率优先、兼顾公平的收入分配制度"[2],将十四大提出的"兼顾效率与公平"调整为"效率优先、兼顾公平"。此后,党的十六大报告作了更为明确的说明:"坚持效率优先、兼顾公平,既要提倡奉献精神,又要落实分配政策,既要反对平均主义,又要防止收入悬殊。初次分配注重效率,发挥市场的作用,鼓励一部分人通过诚实劳动、合法经营先富起来。再分配注重公平,加强政府对收入分配的调节职能,调节差距过大的收入。规范分配秩序,合理调节少数垄断性行业的高收入,取缔非法收入。以共同富裕为目标,扩大中

---

[1]《十四大以来重要文献选编》上,中央文献出版社2011年版,第17页。
[2]《十四大以来重要文献选编》上,中央文献出版社2011年版,第520—521页。

读懂天下为公

等收入者比重,提高低收入者收入水平。"① 到党的十七大,党对效率与公平关系的认识更加深入,明确提出"初次分配和再分配都要处理好效率和公平的关系,再分配更加注重公平"②。改革开放和社会主义现代化建设新时期,中国共产党注重效率与公平,不断完善分配制度,缩小收入分配差距,扎实推进共同富裕。

共同富裕不是局部的富裕,而是全局的普遍的富裕。随着改革开放的不断推进,城乡区域发展不平衡问题也逐渐凸显,成为实现共同富裕必须攻克的难题。为了提升区域发展的平衡性和协调性,党的十四届五中全会提出,"坚持区域经济协调发展,逐步缩小地区发展差距"③,强调从"九五"计划开始,要更加重视支持中西部的发展,积极缩小区域发展差距。江泽民在会上还强调,东部地区和中西部地区的关系是关涉社会主义现代化建设全局的重大关系。在此背景下,我国先后实施了西部大开发、东北振兴、中部崛起等战略,区域间协调联动不断加强。同时为了缩小城乡发展差距,改善城乡关系,中国共产党提出统筹城乡社会经济发展的战略决策,并将解决好农业、农村、农民问题作为全党工作的重中之重,大力推进农业和农村经济结构的战略性调整。党的十六届五中全会提出:"积极推进城乡统筹发展。建设社会主义新农村是我国现代化进程中的重大历史任务。要按照生产发展、生活宽裕、乡风文明、村容整洁、管理民主的要求,坚持从各地实际出发,尊重农民意愿,扎

---

① 《江泽民文选》第3卷,人民出版社2006年版,第550页。
② 《胡锦涛文选》第2卷,人民出版社2016年版,第643页。
③ 《十四大以来重要文献选编》中,中央文献出版社2011年版,第471页。

实稳步推进新农村建设。"① 可见，统筹城乡经济社会发展，建设社会主义新农村是加快现代化进程、实现共同富裕的重大历史任务，是缩小城乡差距、促进城乡一体化发展的基本方略。

三、维护世界和平，促进共同发展

改革开放和社会主义现代化建设新时期，中国共产党一以贯之地将为人类作出更大贡献作为自己的使命，把中国的发展同促进人类进步事业统一起来。邓小平在展望中国未来发展的同时，也不忘对世界的责任担当，提出"如果在本世纪末，我们的国民生产总值实现翻两番，达到一万亿美元，中国就可以对人类做出更多一点贡献。如果再花五十年时间接近发达国家的水平，那末，我们这个国家对人类的贡献就更大一些。我们有信心做好这件事情。"② 江泽民指出："中国人民所以要进行百年不屈不挠的斗争，所以要实行一次又一次的伟大变革、实现国家的繁荣富强，所以要加强民族团结、完成祖国统一大业，所以要促进世界和平与发展的崇高事业，归根到底就是为了一个目标：实现中华民族的伟大复兴，争取对人类作出新的更大的贡献。"③ 胡锦涛指出："中国共产党和中国人民历来是促进世界和平与发展的积极力量。为人类作出应有贡献，是中国共产党和中国人民早就作出的庄严承诺。我们将坚持不懈为人类和平

---

① 《十六大以来重要文献选编》中，中央文献出版社2011年版，第1066页。
② 《邓小平年谱（1975—1997）》下卷，中央文献出版社2004年版，第1035页。
③ 《江泽民文选》第2卷，人民出版社2006年版，第63页。

读懂天下为公

与发展的崇高事业作出自己的努力,争取对人类作出新的更大的贡献。"① 在推进改革开放的过程中,中国共产党准确把握时代主题,坚持维护世界和平、促进共同发展的外交政策宗旨,积极构建公正合理的国际政治经济新秩序,展现了中国共产党大道不孤、天下一家的博大情怀。

改革开放初期,邓小平敏锐把握国际形势的重大变化,提出和平与发展是时代主题的重要论断。1984年5月17日,邓小平在会见厄瓜多尔总统奥斯瓦尔多·乌尔塔多时就指出:"我看世界现在存在两个最根本的问题。第一是反对霸权主义,维护世界和平。当今世界不安宁的根源来源于霸权主义的争夺,它损害的是第三世界国家的利益。第二是南北问题。这是今后国际问题中一个十分重要的方面。"② 1985年3月,邓小平在会见日本商工会议所访华团时再次强调:"现在世界上真正大的问题,带全球性的战略问题,一个是和平问题,一个是经济问题或者说发展问题。和平问题是东西问题,发展问题是南北问题。概括起来,就是东西南北四个字。南北问题是核心问题。"③ 1987年10月,党的十三大召开,正式将和平与发展确定为时代主题。

在对时代主题的科学研判下,维护世界和平、促进共同发展成为中国共产党的奋斗目标。旧的国际政治经济秩序使国家间发展差距日益扩大,是世界和平与发展的主要障碍。为了解决和平与发展

---

① 《胡锦涛文选》第3卷,人民出版社2016年版,第542页。
② 《邓小平年谱(1975—1997)》下卷,中央文献出版社2004年版,第974页。
③ 《邓小平文选》第3卷,人民出版社1993年版,第105页。

第三章
中国共产党对天下为公的不懈求索

两大问题，邓小平提出要以和平共处五项原则为准则建立国际新秩序。1988年9月，邓小平在会见斯里兰卡总理拉纳辛哈·普雷马达萨时指出："现在需要建立国际经济新秩序，也需要建立国际政治新秩序。新的政治秩序就是要结束霸权主义，实行和平共处五项原则。"[1]1988年12月，邓小平在与印度总理拉吉夫·甘地谈话时指出："世界总的局势在变，各国都在考虑相应的新政策，建立新的国际秩序。……世界上现在有两件事情要同时做，一个是建立国际政治新秩序，一个是建立国际经济新秩序。"[2]建立国际政治新秩序为的是解决世界和平问题，建立国际经济新秩序为的是解决世界发展问题，和平与发展两大问题相互联系，这也意味着建立国际政治新秩序与建立国际经济新秩序必须成为一个有机整体，而和平共处五项原则正是建立国际政治经济新秩序的准则。和平共处五项原则是中国一以贯之的外交基本原则，在这一重要原则的基础上建立国际新秩序，符合世界人民的共同愿望和根本利益。同时必须注意的是，霸权主义和强权政治是威胁世界和平与发展的主要根源，建立国际政治经济新秩序必须首先反对霸权主义和强权政治。邓小平指出："我们对外政策还是两条，第一条是反对霸权主义、强权政治，维护世界和平；第二条是建立国际政治新秩序和经济新秩序。这两条要反复讲。"[3]中国始终以实现世界和平与发展为目标，坚持反对霸权主义、强权政治，为建立国际政治经济新秩序而不懈斗争，用

---

[1]《邓小平年谱（1975—1997）》下卷，中央文献出版社2004年版，第1251页。
[2]《邓小平文选》第3卷，人民出版社1993年版，第282页。
[3]《邓小平文选》第3卷，人民出版社1993年版，第353页。

读懂天下为公

行动证明了自己是世界和平的建设者、国际秩序的维护者。

苏联解体后,两极格局瓦解,世界形势发生巨大变化,世界多极化和经济全球化趋势加强。面对国际风云变幻,中国共产党始终坚持独立自主的和平外交政策。江泽民强调:"中国外交政策的宗旨,是维护世界和平,促进共同发展。我们愿同各国人民一道,共同推进世界和平与发展的崇高事业。"[1] 在深刻把握世界发展趋势的基础上,江泽民还从中国人民和世界人民的利益出发,提出建立和平、稳定、公正、合理的国际新秩序,丰富和发展了中国共产党关于建立国际政治经济新秩序的理论。1992年10月,江泽民在党的十四大报告中明确指出:"根据历史经验和现实状况,我们主张在互相尊重主权和领土完整、互不侵犯、互不干涉内政、平等互利、和平共处等原则的基础上,建立和平、稳定、公正、合理的国际新秩序。"[2]

进入21世纪,求和平、谋发展、促合作已经成为不可阻挡的时代潮流,但世界和平与发展也面临诸多难题和挑战。此外,随着中国综合国力的不断增强,以美国为首的一些西方国家对中国的发展感到恐慌,"中国威胁论"甚嚣尘上。以胡锦涛同志为主要代表的中国共产党人,依据新世纪国内外形势,提出建设和谐世界的外交新理念。2005年4月22日,胡锦涛在亚非峰会上指出:"倡导开放包容精神,尊重文明、宗教、价值观的多样性,尊重各国选择社会制度和发展模式的自主权,推动不同文明友好相处、平等对话、

---

[1]《江泽民文选》第3卷,人民出版社2006年版,第566页。
[2]《江泽民文选》第1卷,人民出版社2006年版,第243页。

第三章
中国共产党对天下为公的不懈求索

发展繁荣，共同构建一个和谐世界。"[1] 这是胡锦涛首次提出建设和谐世界的理念。同年9月，胡锦涛在联合国成立60周年首脑会议上系统论述了建设和谐世界的重要思想，向全世界发出"努力建设持久和平、共同繁荣的和谐世界"的号召。

改革开放和社会主义现代化建设新时期，中国共产党建立起对外关系新格局。中国共产党始终坚持独立自主的和平外交政策，在和平共处五项原则的基础上，积极发展同世界各国的关系。改善和调整与美国、日本、俄罗斯、欧盟国家的关系，建立了以不结盟、不对抗、不针对第三方为主要特征的新型大国关系。发展同周边国家的睦邻友好关系，维护地区稳定，如推动成立上海合作组织、中国—东盟自由贸易区等。同时继续增强同亚洲、非洲和拉丁美洲广大发展中国家的团结与合作。此外，中国在联合国框架下积极开展多边外交，参与世界贸易组织、世界卫生组织、国际货币基金组织、亚太经合组织、亚欧会议、东亚峰会等。中国与世界各国友好互利合作的开展，扩大了中国的国际影响力，为解决人类面临的共同问题作出重要贡献，推动了世界共同发展、共同繁荣，体现了中国共产党天下为公的情怀。

从人民民主政权的局部探索到人民当家作主制度体系在全国的建立再到社会主义民主制度化、法治化的推进，中国共产党坚持人民当家作主，在政治上为实现天下为公提供了坚实的制度保障。从土地革命到社会主义公有制经济制度的确立再到共同富裕的理论创新与实践探索，中国共产党不断深化对经济发展规律的认识，提高

---

[1] 《十六大以来重要文献选编》中，中央文献出版社2011年版，第850—851页。

读懂天下为公

领导我国经济发展的能力和水平，在经济上为实现天下为公奠定了扎实的物质基础。从将中国革命视为世界革命的重要组成部分到提出"应当对人类有较大的贡献"再到对国际秩序和人类命运的关切，中国共产党始终坚持大道不孤、天下一家，在国际交往中为世界和平与发展事业贡献中国智慧与中国方案。中国特色社会主义进入新时代，中国共产党扎实推进全过程人民民主，完成脱贫攻坚、全面建成小康社会的历史任务，推动构建人类命运共同体，赋予天下为公以新的时代内涵和更为深刻的现实意义。

04 第四章

新时代新征程继续践行天下为公

第四章
新时代新征程继续践行天下为公

实现天下为公是中华民族追求的最高社会理想。在长期的革命、建设和改革过程中,中国共产党坚持以马克思主义为指导,在传承和发展中华优秀传统文化的基础上,逐渐找到了一条实现天下为公的正确道路:坚定不移推进中国式民主是根本保障,坚定不移走共同富裕的中国式现代化道路是重要基础,坚定不移构建人类命运共同体是国际责任。

第一节 推进中国式民主

伟大梦想的实现不可能一帆风顺,必然要进行许多艰苦卓绝的斗争,因此,实现天下为公是一个漫长的历史进程。以什么样的政治力量来领导这个进程,以什么样的思想来指导这个进程,以什么样的方式来实现这个进程是关系全局的根本性、原则性问题。新时代以来,我们深刻认识到,实现天下为公,必须坚持中国共产党领导,坚持以人民为中心的发展思想,发展全过程人民民主。

一、坚持中国共产党领导

（一）中国共产党是当代中国最高政治领导力量

近代中国曾遭受深重的屈辱与苦难。回顾中华民族近现代史，无数仁人志士为了实现民族独立、人民解放而奔走呐喊，无论是农民阶级主导的太平天国运动、义和团运动，还是地主阶级主导的洋务运动，抑或是资产阶级主导的戊戌变法、辛亥革命，最终都走向了失败，并没有改变中国积贫积弱的落后局面。十月革命一声炮响，给中国送来了马克思列宁主义。在马克思列宁主义同中国工人运动的紧密结合中，1921年7月，中国共产党应运而生。中国共产党自成立之日起，便自觉承担起历史的重任，将实现国家富强、民族振兴、人民幸福作为自己的奋斗目标。

新民主主义革命时期，中国共产党团结带领全国各族人民，推翻帝国主义、封建主义和官僚资本主义三座大山，夺取新民主主义革命的伟大胜利，实现了民族独立和人民解放；社会主义革命和建设时期，中国共产党团结带领全国各族人民，完成从新民主主义社会向社会主义社会的转变，取得社会主义革命的伟大胜利，实现了中华民族历史上最为广泛而深刻的社会变革；改革开放和社会主义现代化建设新时期，中国共产党团结带领全国各族人民，解放和发展社会生产力，改革开放取得伟大成就，实现了从生产力相对落后的状况到经济总量跃居世界第二的历史性突破，实现了人民生活从温饱不足到总体小康奔向全面小康的历史性跨越，推进了中华民族从站起来到富起来的伟大飞跃；中国特色社会主义进入新时代，中

第四章
新时代新征程继续践行天下为公

国共产党团结带领全国各族人民,勠力同心、团结奋进,全面建成小康社会目标如期实现,党和国家事业取得历史性成就、发生历史性变革,开启了全面建设社会主义现代化国家的新征程。

历史和人民选择了中国共产党。历史证明,正是在中国共产党的领导下,中华民族才迎来了从站起来、富起来到强起来的伟大飞跃,才迎来了实现中华民族伟大复兴的光明前景。习近平总书记指出:"一定要认清,中国最大的国情就是中国共产党的领导。什么是中国特色?这就是中国特色。"[1]

中国共产党作为马克思主义执政党,不仅是为中国人民谋幸福、为中华民族谋复兴的政党,也是为人类谋进步、为世界谋大同的政党。中国共产党不仅深刻改变了中国人民和中华民族的前途和命运,也深刻改变了世界的发展趋势和国际格局。中华民族伟大复兴战略全局和世界百年未有之大变局的历史交汇,既为我国从富起来走向强起来、建设社会主义现代化国家创造了重要历史机遇,又为世界和平与发展注入更为强劲的中国力量。要实现天下为公,必须始终毫不动摇地坚持和加强中国共产党的全面领导。在坚持党的领导这个重大原则问题上,立场一定要特别坚定,绝不能有任何含糊和动摇。

(二)中国共产党是为世界谋大同的政党

党的百余年奋斗史,是为中国人民谋幸福、为中华民族谋复兴、为世界谋大同的历史。习近平主席在博鳌亚洲论坛2021年年会开幕

---

[1]《习近平著作选读》第1卷,人民出版社2023年版,第190页。

读懂天下为公

式上指出:"100年来,中国共产党筚路蓝缕、求索奋进,为中国人民谋幸福,为中华民族谋复兴,为世界谋大同,不仅使中华民族迎来了从站起来、富起来到强起来的伟大飞跃,也为人类文明和进步事业作出了卓越贡献。"[1]这深刻阐明了中国共产党不仅是为中国人民谋幸福的党,也是为世界人民谋幸福的党,充分彰显了中国共产党的国际担当,体现了中国共产党致力于实现全人类解放的远大理想。

作为马克思主义政党,实现共产主义是中国共产党的最高理想和最终目标。在共产主义社会,阶级的剥削和压迫将不复存在,城乡差别、工农差别、体力劳动与脑力劳动的差别将会被彻底消除,每个人都将得到真正的解放,实现自由而全面的发展。中国共产党始终坚持以马克思主义为指导,既为中国人民谋幸福、为中华民族谋复兴,又为人类谋进步、为世界谋大同,努力为人类和平与发展事业贡献中国智慧、中国方案。天下为公、天下大同,凝结着中国共产党人的理想追求,是在马克思主义人类解放理论与中华优秀传统文化相结合的基础上,中国共产党人对未来社会的一种中国式理解。习近平总书记指出:"中国共产党是为中国人民谋幸福的政党,也是为人类进步事业而奋斗的政党。"[2]百余年来,中国共产党始终致力于实现天下为公,追求全人类共同利益,实现各国人民共同福祉,建设更加美好的世界。

中国共产党自成立之日起,就将自己的前途命运与世界的前途

---

[1] 习近平:《同舟共济克时艰,命运与共创未来》,《人民日报》2021年4月21日第2版。

[2]《习近平著作选读》第2卷,人民出版社2023年版,第47页。

第四章
新时代新征程继续践行天下为公

命运紧密结合在一起，将中国人民的利益与全人类的共同利益紧密结合在一起。早在20世纪50年代，毛泽东就指出："因为中国是一个具有九百六十万平方公里土地和六万万人口的国家，中国应当对于人类有较大的贡献。"① 中国共产党始终坚持胸怀天下，关注人类的前途和命运。从倡导和平共处五项原则到推动构建人类命运共同体，从高质量共建"一带一路"到落实全球发展倡议、全球安全倡议、全球文明倡议，从坚持对外开放到推动构建新型国际关系，这些无不体现了中国共产党为世界谋大同的使命担当。习近平总书记强调："中国共产党关注人类前途命运，同世界上一切进步力量携手前进，中国始终是世界和平的建设者、全球发展的贡献者、国际秩序的维护者！"② 世界眼光、天下情怀是中国共产党鲜明的标识，为人类谋进步、为世界谋大同是中国共产党崇高的价值追求。面对中华民族伟大复兴战略全局和世界百年未有之大变局，中国共产党始终坚持将自身置于人类发展大潮流、世界发展大格局中，始终以世界眼光关注人类前途命运，始终立足于人类发展的实践状况，始终把握人类进步的时代要求，推动建设更加美好的世界。

（三）中国共产党是具有独特优势的政党

中国共产党肩负着为中国人民谋幸福、为中华民族谋复兴和为人类谋进步、为世界谋大同的光荣使命。使命越光荣，挑战越严峻，

---

① 《毛泽东文集》第7卷，人民出版社1999年版，第156—157页。
② 习近平：《在庆祝中国共产党成立100周年大会上的讲话》，《人民日报》2021年7月2日第2版。

读懂天下为公

越要求中国共产党把自身建设得更加有力量。实现天下为公是一个长期的历史过程,不可能一帆风顺,必定会充满各种风险和挑战。在这一过程中,中国共产党始终重视自身建设,将自我革命视为党跳出历史周期率的第二个答案。自我革命是马克思主义政党区别于其他政党的显著优势,也是推动实现天下为公的独特优势。打铁还需自身硬。习近平总书记强调:"办好中国的事情,关键在党、关键在全面从严治党。"[1] 只有不断加强党的自身建设,提高党的执政能力,坚持全面从严治党,永葆党的先进性和纯洁性,才能克服前进道路上的各种风险和挑战,真正实现天下为公。

中国特色社会主义进入新时代,国内外环境发生深刻变化,我们党面临的风险挑战更加复杂严峻。执政考验、改革开放考验、市场经济考验和外部环境考验是长期而复杂的,精神懈怠危险、能力不足危险、脱离群众危险和消极腐败危险是尖锐而严峻的。对此,习近平总书记强调:"我们党作为世界第一大党,没有什么外力能够打倒我们,能够打倒我们的只有我们自己。"[2] 新时代新征程,要坚定不移全面从严治党,这是走好新时代长征路的关键,正如习近平总书记所指出的:"全面从严治党是新时代党的自我革命的伟大实践,开辟了百年大党自我革命的新境界。"[3]

旗帜鲜明讲政治是我们党作为马克思主义政党的根本要求。党

---

[1] 习近平:《新时代党和人民奋进的必由之路》,《求是》2023年第5期。
[2] 习近平:《牢记初心使命,推进自我革命》,《求是》2019年第15期。
[3] 习近平:《全面从严治党探索出依靠党的自我革命跳出历史周期率的成功路径》,《求是》2023年第3期。

第四章
新时代新征程继续践行天下为公

的政治建设是党的根本性建设，决定党的建设方向和成效。广大党员干部要时时讲政治，事事讲政治，处处讲政治，将政治纪律和政治规矩作为自身想问题、做事情的基本原则。思想建设是党的基础性建设，坚定理想信念是思想建设的首要任务。习近平总书记将理想信念比喻为中国共产党人精神上的"钙"，强调："共产党人如果没有理想信念，精神上就会'缺钙'，就会得'软骨病'，必然导致政治上变质、经济上贪婪、道德上堕落、生活上腐化。"[1] 因此，广大党员干部要补足精神之"钙"，坚定共产主义远大理想和中国特色社会主义共同理想，为实现天下为公而团结奋斗。

全面从严治党永远在路上，必须持之以恒推进党的自身建设。新时代党的建设总要求明确提出，要以党的政治建设为统领，以坚定理想信念宗旨为根基，以调动全党积极性、主动性、创造性为着力点，全面推进党的政治建设、思想建设、组织建设、作风建设、纪律建设，把制度建设贯穿其中，深入推进反腐败斗争。要全面净化党内政治生态，不断增强党自我净化、自我完善、自我革新、自我提高的能力，把党建设成为始终走在时代前列、人民衷心拥护、勇于自我革命、经得起各种风浪考验、朝气蓬勃的马克思主义执政党，切实为实现天下为公提供坚强有力的领导力量。

---

[1] 习近平：《努力成为可堪大用能担重任的栋梁之才》，《求是》2022年第3期。

二、坚持以人民为中心的发展思想

(一) 价值理念:坚持人民主体地位

谁是历史的创造者?对这一问题的回答是区分历史唯物主义和历史唯心主义的一个重要原则。历史唯物主义认为,人民群众是历史的创造者,是推动社会发展和进步的决定性力量;而历史唯心主义认为,少数英雄是历史的创造者,历史的演进取决于他们的意志、品格和才能。正是由于历史唯物主义正确认识了人民群众的伟大创造作用,才解决了历史发展的动力问题。习近平总书记指出,我们党要做到长期执政,就必须永远保持同人民群众的血肉联系,始终同人民群众想在一起、干在一起、风雨同舟、同甘共苦。① 只有始终重视人民群众这一历史发展的决定性力量,坚持人民主体地位,发挥人民群众的积极性、主动性和创造性,才能真正完成实现天下为公的历史重任。

马克思、恩格斯在《共产党宣言》中指出:"过去的一切运动都是少数人的,或者为少数人谋利益的运动。无产阶级的运动是绝大多数人的,为绝大多数人谋利益的独立的运动。"② 中国共产党作为马克思主义执政党,除了工人阶级和最广大人民群众的利益,没有自己特殊的利益。习近平总书记强调:"江山就是人民、人民就是江

---

① 《坚持人民至上 不断造福人民 把以人民为中心的发展思想落实到各项决策部署和实际工作之中》,《人民日报》2020年5月23日第1版。

② 《马克思恩格斯选集》第1卷,人民出版社2012年版,第411页。

第四章
新时代新征程继续践行天下为公

山,打江山、守江山,守的是人民的心。"① 在波澜壮阔的百余年征程中,中国共产党始终牢记人民群众是历史的创造者,深深扎根于人民群众之中,坚持以人民为中心,站稳人民立场,树牢群众观点,保持党同人民群众的血肉联系。正因如此,中国共产党才能发展成为世界上最大的马克思主义执政党,才能团结带领全国各族人民创造出彪炳史册的丰功伟绩。

党的十八大以来,我们党先后开展了七次集中性学习教育,党的群众路线教育实践活动、"三严三实"专题教育、"两学一做"学习教育、"不忘初心、牢记使命"主题教育、党史学习教育、学习贯彻习近平新时代中国特色社会主义思想主题教育、党纪学习教育,尽管历次集中性学习教育名称各不相同,但均以保持党同人民群众的血肉联系为出发点和落脚点,以保持党同人民群众的血肉联系为宗旨,以解决老百姓急难愁盼的问题为旨归。

人民群众是党执政的根基所在和命脉所在,也是党实现天下为公历史使命的关键所在和力量所在。脱离了人民群众,党就会变成无源之水、无本之木,实现天下为公就只能是纸上谈兵。历史是人民书写的,一切成就归功于人民。新时代新征程,我们要尊重人民群众主体地位,紧紧依靠人民群众,充分发挥人民群众的首创精神,把人民拥护不拥护、赞成不赞成、高兴不高兴、答应不答应作为衡量一切工作得失的根本标准。新时代新征程,面对风高浪急甚至惊涛骇浪的风险挑战,我们只有紧紧依靠人民,才能获得源源不断的

---

① 习近平:《在庆祝中国共产党成立100周年大会上的讲话》,《人民日报》2021年7月2日第2版。

力量，风雨无阻，奋勇向前。

（二）工作路线：坚持党的群众路线

习近平总书记在党的二十大报告中强调："全面建设社会主义现代化国家，必须充分发挥亿万人民的创造伟力。全党要坚持全心全意为人民服务的根本宗旨，树牢群众观点，贯彻群众路线，尊重人民首创精神，坚持一切为了人民、一切依靠人民，从群众中来、到群众中去，始终保持同人民群众的血肉联系，始终接受人民批评和监督，始终同人民同呼吸、共命运、心连心。"群众路线是我们党全心全意为人民服务宗旨的集中体现，是我们党的生命线和根本工作路线。

党的群众路线是马克思主义唯物史观的基本原理在中国的具体运用，即一切为了群众、一切依靠群众，从群众中来、到群众中去，把党的正确主张变为群众的自觉行动。中共中央办公厅印发的《关于在全党大兴调查研究的工作方案》强调："在全党大兴调查研究，必须坚持党的群众路线，从群众中来、到群众中去，增进同人民群众的感情，真诚倾听群众呼声、真实反映群众愿望、真情关心群众疾苦，自觉向群众学习、向实践学习，从人民的创造性实践中获得正确认识，把党的正确主张变为群众的自觉行动。"[1] 这深刻阐明了党的群众路线的实质是要处理好党同人民群众的关系，保持党同人民群众的血肉联系，真正做到相信人民群众、依靠人民群众、为了人民群众。

---

[1]《中办印发〈关于在全党大兴调查研究的工作方案〉》，《人民日报》2023年3月20日第1版。

第四章
新时代新征程继续践行天下为公

群众路线是我们党的传家宝。毛泽东在党的七大上作《论联合政府》的政治报告，指出："我们共产党人区别于其他任何政党的又一个显著的标志，就是和最广大的人民群众取得最密切的联系。全心全意地为人民服务，一刻也不脱离群众；一切从人民的利益出发，而不是从个人或小集团的利益出发；向人民负责和向党的领导机关负责的一致性；这些就是我们的出发点。"[1] 邓小平继承和发展了毛泽东群众路线思想，指出群众是我们力量的源泉，群众路线和群众观点是我们的传家宝。中国特色社会主义进入新时代，习近平总书记将群众路线贯穿于党治国理政的全过程，指出："群众路线是我们党的生命线和根本工作路线，是我们党永葆青春活力和战斗力的重要传家宝。"[2]

政策和策略是党的生命。要实现天下为公，必须靠实实在在的方针政策和发展规划来推进落实。习近平总书记指出："好的方针政策和发展规划都应该顺应人民意愿、符合人民所思所盼，从群众中来、到群众中去。"[3] 切实有效的方针政策和发展规划，是实现天下为公的"催化剂"。如何判断方针政策和发展规划是否是好的，是否是切实有效的，关键就在于它们是否符合时代发展的要求，是否符合社会发展的实际，是否符合最广大人民群众的根本利益，是否得到广大人民群众的支持和认可，是否能在广大人民群众心中生根发芽。

---

[1]《毛泽东选集》第3卷，人民出版社1991年版，第1094—1095页。

[2] 习近平：《在纪念毛泽东同志诞辰120周年座谈会上的讲话》，《人民日报》2013年12月27日第2版。

[3] 习近平：《在基层代表座谈会上的讲话》，《人民日报》2020年9月20日第2版。

实现天下为公是一个久久为功的长期过程，需要正确的方针政策和发展规划作为保证，而正确的方针政策和发展规划必须顺应人民意愿、符合人民所思所盼。只有这样，正确的方针政策和发展规划才能得到落实，取得实实在在的发展成效；错误的方针政策和发展规划才能得到及时纠正，避免造成更大的损失。

（三）发展目标：永远把人民对美好生活的向往作为奋斗目标

"治国有常，利民为本。"人民对美好生活的向往，是我们党的奋斗目标。习近平总书记强调，中国共产党根基在人民、血脉在人民。党团结带领人民进行革命、建设、改革，根本目的就是为了让人民过上好日子，无论面临多大挑战和压力，无论付出多大牺牲和代价，这一点都始终不渝、毫不动摇。[①]要实现天下为公，就必须坚持在发展中保障和改善民生，全面推进幼有所育、学有所教、劳有所得、病有所医、老有所养、住有所居、弱有所扶。如果人民群众的民生福祉得不到保障，生活质量得不到提高，中国共产党立党为公、执政为民的理念就无从体现。因此，要实现天下为公，就必须在发展中增进民生福祉，满足人民对美好生活的向往，做到发展为了人民、发展依靠人民、发展成果由人民共享，不断增强人民群众获得感、幸福感、安全感。

党的百余年奋斗史就是为中国人民谋幸福的历史，特别是改革

---

① 《坚持人民至上　不断造福人民　把以人民为中心的发展思想落实到各项决策部署和实际工作之中》，《人民日报》2020年5月23日第1版。

第四章
新时代新征程继续践行天下为公

开放 40 多年来，人民生活水平不断改善，人民对"好日子"的理解也在不断丰富和发展，从"有没有"逐步转向"好不好"。因此，坚持以人民为中心，就不仅要满足人民对物质文化生活提出的更高要求，而且要聚焦人民群众的新需求新期待，满足人民在民主、法治、公平、正义、安全、环境等方面日益增长的要求。

习近平总书记在党的二十大报告中指出："从现在起，中国共产党的中心任务就是团结带领全国各族人民全面建成社会主义现代化强国、实现第二个百年奋斗目标，以中国式现代化全面推进中华民族伟大复兴。"全面推进中华民族伟大复兴和实现天下为公，二者均要求满足人民对美好生活的向往。目标决定方向，方向决定道路。在实现天下为公的过程中，要牢牢把握住这一目标导向，始终以满足人民对美好生活的向往作为出发点和落脚点。

美好生活并不是抽象的，而是通过实实在在的具体方面表现出来的。新时代新征程，满足人民对美好生活的向往，要着眼于广大人民群众的切身利益。习近平总书记指出："要面对面、心贴心、实打实做好群众工作，把人民群众安危冷暖放在心上，雪中送炭，纾难解困，扎扎实实解决好群众最关心最直接最现实的利益问题、最困难最忧虑最急迫的实际问题。"[1] 当前，我国仍处于社会主义初级阶段，这是我国最大的实际。立足社会主义初级阶段基本国情，要在发展中保障和改善民生，不断补齐民生短板，扩大民生红利，增强人民群众获得感、幸福感、安全感，满足人民对美好生活的向往。

---

[1] 习近平：《在庆祝"五一"国际劳动节暨表彰全国劳动模范和先进工作者大会上的讲话》，《人民日报》2015 年 4 月 29 日第 2 版。

三、发展全过程人民民主

（一）加强人民当家作主制度保障

我国是人民当家作主的社会主义国家，人民是国家的主人。发展全过程人民民主，必须坚持人民主体地位，要健全人民当家作主制度体系，加强人民当家作主制度保障。我们党在长期实践中，结合中国的具体国情，逐渐建立起一系列制度安排，包括人民代表大会制度、中国共产党领导的多党合作和政治协商制度、民族区域自治制度和基层群众自治制度，让人民真正成为国家和社会的主人。

毫不动摇坚持和完善人民代表大会制度。人民代表大会制度是我国的根本政治制度，是实现人民当家作主的根本制度保障。一个国家采取什么样的政权组织形式是由这个国家的国体所决定的。我国是工人阶级领导的、以工农联盟为基础的人民民主专政的社会主义国家，这就决定了我国的政体只能是人民代表大会制度。实践证明，人民代表大会制度符合中国的国情，将民主和集中、中央和地方相结合，实现了党的领导、人民当家作主、依法治国三者的有机统一，维护了国家的统一和民族的团结，保障了人民当家作主的权利。习近平总书记指出："人民代表大会制度是实现我国全过程人民民主的重要制度载体。"[1] 发展全过程人民民主，必须不断坚持和完善人民代表大会制度。

毫不动摇坚持和完善中国共产党领导的多党合作和政治协商制

---

[1]《习近平著作选读》第 2 卷，人民出版社 2023 年版，第 532 页。

第四章
新时代新征程继续践行天下为公

度。政党是现代民主政治的核心,是推动政治民主化的关键力量,因此,如何处理政党之间的关系成为现代民主政治的核心问题。中国共产党领导的多党合作和政治协商制度是中国新型政党制度,既根植中国土壤、彰显中国智慧,又积极借鉴和吸收人类政治文明优秀成果。在中国共产党和各民主党派关系上,坚持长期共存、互相监督、肝胆相照、荣辱与共的基本方针,共商国是、共议民生。这种新型政党制度能够真实、广泛、持久代表和实现最广大人民根本利益,调动各民主党派参政议政的积极性和主动性,将各民主党派紧密团结起来,为实现中华民族伟大复兴的共同目标而奋斗。习近平总书记指出:"中国共产党领导的多党合作和政治协商制度,既强调中国共产党的领导,也强调发扬社会主义民主。政治协商、民主监督、参政议政,就是这种民主最基本的体现。"[1] 发展全过程人民民主,必须坚持和完善这一新型政党制度。

毫不动摇坚持和完善民族区域自治制度。我国是一个多民族国家,民族关系直接影响社会的稳定和国家的发展。良好的民族关系是社会发展的"黏合剂",能够将各个民族凝聚在一起,形成推动发展的强大合力。在长期的历史发展过程中,我国各民族分布呈现大杂居、小聚居的特点。为了适应这种民族分布特点,更好地保障少数民族当家作主的权利,我们党决定在少数民族聚居地区实行民族区域自治制度。作为我国的一项基本政治制度,它将历史和现实、统一和自治有机结合,有效维护了民族团结和国家统一,推动了少数民族地区的经济发展,增强了中华民族的凝聚力。发展全过程人

---

[1] 习近平:《论坚持人民当家作主》,中央文献出版社 2021 年版,第 230 页。

民民主，必须坚持和完善民族区域自治制度。

毫不动摇坚持和完善基层群众自治制度。习近平总书记在党的二十大报告中指出："基层民主是全过程人民民主的重要体现。健全基层党组织领导的基层群众自治机制，加强基层组织建设，完善基层直接民主制度体系和工作体系，增强城乡社区群众自我管理、自我服务、自我教育、自我监督的实效。"基层群众自治制度作为我国的一项基本政治制度，是全过程人民民主的重要体现。人民群众在城乡社区治理、基层公共事务和公益事业中依法自我管理、自我服务、自我教育、自我监督，依法直接行使民主权利，这充分体现了我国社会主义民主的广泛性、真实性和有效性。发展全过程人民民主，必须坚持和完善基层群众自治制度。

（二）全面发展协商民主

以什么样的思路来谋划和推进我国社会主义民主政治建设，在国家政治生活中具有管根本、管全局、管长远的作用。习近平总书记指出："实现民主的形式是丰富多样的，不能拘泥于刻板的模式，更不能说只有一种放之四海而皆准的评判标准。"[①]中国共产党在领导中国革命、建设和改革的过程中，探索出具有中国特色的民主形式——协商民主。习近平总书记指出："协商民主是中国社会主义民主政治中独特的、独有的、独到的民主形式，它源自中华民族长期形成的天下为公、兼容并蓄、求同存异等优秀政治文化，源自近代

---

① 习近平：《在庆祝中国人民政治协商会议成立65周年大会上的讲话》，《人民日报》2014年9月22日第2版。

第四章
新时代新征程继续践行天下为公

以后中国政治发展的现实进程,源自中国共产党领导人民进行革命、建设、改革的长期实践,源自新中国成立后各党派、各团体、各民族、各阶层、各界人士在政治制度上共同实现的伟大创造,源自改革开放以来中国在政治体制上的不断创新,具有深厚的文化基础、理论基础、实践基础、制度基础。"[1]

社会主义协商民主是在中国共产党领导下,人民内部各方面围绕改革发展稳定重大问题和涉及群众切身利益的实际问题,在决策之前和决策实施之中开展广泛协商,努力形成共识的重要民主形式。从协商民主的领导力量来看,协商民主并不意味着协商各方各自为政,各执一词;如果缺少坚强的领导力量,协商过程中就会出现"群龙无首"、一盘散沙的情形。中国共产党是中国工人阶级的先锋队,同时是中国人民和中华民族的先锋队,代表最广大人民群众的根本利益,这就决定了中国共产党在社会主义协商民主建设中能够把握正确方向,确保协商民主能够有序高效开展。因此,中国共产党的领导是我国社会主义协商民主健康发展的前提条件和根本政治保证。从协商民主的参与主体来看,社会主义协商民主着力要解决的是人民内部矛盾,更好地统筹各方意见,更好地实现最广大人民群众的根本利益。因此,无论在任何时候,人民都是参与协商民主的主体。从协商民主的基本内容来看,协商民主应该是全方位的,而不是局限在某个方面的;应该是全国上上下下都要做的,而不是局限在某一级的。

---

[1] 习近平:《在庆祝中国人民政治协商会议成立65周年大会上的讲话》,《人民日报》2014年9月22日第2版。

协商民主有根、有源、有生命力，是符合中国国情的民主形式，是中国社会主义民主政治的独特优势。习近平总书记指出："在我们这个人口众多、幅员辽阔的社会主义国家里，关系国计民生的重大问题，在中国共产党领导下进行广泛协商，体现了民主和集中的统一；人民通过选举、投票行使权利和人民内部各方面在重大决策之前进行充分协商，尽可能就共同性问题取得一致意见，是中国社会主义民主的两种重要形式。"[①]这两种形式相得益彰，极大地丰富了民主的形式，拓宽了民主的渠道，共同构成了中国社会主义民主政治的制度特点和优势。

推动协商民主，要统筹推进政党协商、人大协商、政府协商、政协协商、人民团体协商、基层协商、社会组织协商，构建程序合理、环节完整的社会主义协商民主体系；夯实协商民主的制度基础，促进协商民主制度化、规范化发展；充分发挥人民政协的组织功能，多形式多层次搭建协商民主平台；创新协商民主的形式和内容，为实现天下为公更好集民智、聚民意。

（三）积极发展基层民主

基层是将党同人民群众联系起来的桥梁和纽带，是党和国家方针政策落实落地的"最后一公里"。习近平总书记指出，党的工作最坚实的力量支撑在基层，经济社会发展和民生最突出的矛盾和问题也在基层，必须把抓基层打基础作为长远之计和固本之策，丝毫不

[①] 习近平：《在庆祝中国人民政治协商会议成立65周年大会上的讲话》，《人民日报》2014年9月22日第2版。

第四章
新时代新征程继续践行天下为公

能放松。① 只有把基层建设好了,党和国家的方针政策才能真正落地,惠及百姓;只有基层有力量,才能真正听到人民群众的呼声。

习近平总书记指出:"一个国家民主不民主,关键在于是不是真正做到了人民当家作主,要看人民有没有投票权,更要看人民有没有广泛参与权;要看人民在选举过程中得到了什么口头许诺,更要看选举后这些承诺实现了多少;要看制度和法律规定了什么样的政治程序和政治规则,更要看这些制度和法律是不是真正得到了执行;要看权力运行规则和程序是否民主,更要看权力是否真正受到人民监督和制约。"② 通过基层民主,人民能够直接行使民主权利,表达利益诉求,维护自身权益。因此,基层是人民群众直接参与民主生活的主阵地,基层群众自治制度是全过程人民民主的重要体现。基层民主作为人民群众参与民主政治最直接、最广泛和最有效的民主形式,能够充分调动人民群众的积极性、主动性和创造性。在基层民主实践中,众人的事情由众人商量,找到全社会意愿和要求的最大公约数,从而有效提高基层治理水平和治理能力。

基层民主是发展我国社会主义民主政治的基础性工程,是全过程人民民主的重要体现。因此,要发展全过程人民民主,必须夯实基层民主,充分发挥基层民主的作用,不断丰富基层民主的内涵和形式。习近平总书记指出:"要扩大人民民主,健全民主制度,丰富民主形式,拓宽民主渠道,从各层次各领域扩大公民有序政治参与,

---

① 《看清形势适应趋势发挥优势 善于运用辩证思维谋划发展》,《人民日报》2015年6月19日第1版。

② 习近平:《在中央人大工作会议上的讲话》,《求是》2022年第5期。

发展更加广泛、更加充分、更加健全的人民民主。"① 发展基层民主，要培育人民群众参与民主政治的意识，提升人民群众参与民主政治的素质和能力，确保人民群众能够合理有序参与民主政治生活，直接有效表达自己的诉求。发展全过程人民民主是一项持久性工程，需要久久为功。推动基层民主建设，发展全过程人民民主，要不断构建和完善基层群众自治制度体系，推动基层民主制度化发展，切实提高基层民主的科学性和有效性，增强城乡社区群众自我管理、自我服务、自我教育、自我监督的实效，为实现天下为公凝聚人民力量。

（四）巩固和发展最广泛的爱国统一战线

"得道者多助，失道者寡助。"统一战线是党克敌制胜、执政兴国的重要法宝，人心向背、力量对比是决定党和人民事业成败的关键。统一战线工作做得好，党和国家的事业就会得到发展；统一战线工作做得不好，党和国家的事业就会遭遇挫折甚至是面临失败的危险。党的二十大报告指出："人心是最大的政治，统一战线是凝聚人心、汇聚力量的强大法宝。"新时代新征程，必须重视统一战线工作，巩固和发展最广泛的爱国统一战线。

统一战线是我们党在革命斗争中战胜敌人的三大法宝之一，是党的宝贵经验，也是党的优良传统。我们党之所以能够带领人民取得革命、建设和改革的伟大胜利，其中很重要的原因就是党始终重

---

① 习近平：《在庆祝全国人民代表大会成立60周年大会上的讲话》，《人民日报》2014年9月6日第2版。

第四章
新时代新征程继续践行天下为公

视统一战线工作,团结一切可以团结的力量,调动一切可以调动的积极因素,最大限度地扩大自身优势,最大限度地汇聚实现目标的合力。新民主主义革命时期,为了实现民族独立和人民解放,我们党先后建立了民主联合战线、工农民主统一战线、抗日民族统一战线、人民民主统一战线;社会主义革命和建设时期,为了调动社会各阶层的力量,推动社会主义革命和建设,我们党巩固发展多党合作和政治协商制度,坚持"长期共存、互相监督"的方针,标志着统一战线工作进入一个新的阶段;改革开放和社会主义现代化建设新时期,为了解放和发展社会生产力,提高人民生活水平,我们党确立了新时期爱国统一战线,这是全体社会主义劳动者、社会主义事业的建设者、拥护社会主义的爱国者和拥护祖国统一的爱国者的最广泛的联盟;中国特色社会主义进入新时代,为了全面建设社会主义现代化国家,实现中华民族伟大复兴,我们党准确把握新时代爱国统一战线的历史方位,最广泛地团结海内外中华儿女,为坚持和发展中国特色社会主义凝聚起磅礴力量。

新时代新征程,要巩固和发展最广泛的爱国统一战线,关键是要处理好政党关系、民族关系、宗教关系、阶层关系、海内外同胞关系。在政党关系上,要贯彻落实"长期共存、互相监督、肝胆相照、荣辱与共"的方针,要坚持和完善中国共产党领导的多党合作和政治协商制度,推动中国共产党和各民主党派相互促进、共同发展。在民族关系上,要坚持和完善民族区域自治制度,不断巩固和发展平等、团结、互助、和谐的社会主义民族关系,铸牢中华民族共同体意识。在宗教关系上,要坚持独立自主自办的原则,贯彻落实党的宗教政策,积极引导宗教同社会主义社会相适应。在阶层关系上,要尊重不同阶层正当的利益诉求,正确处理不同阶层之间的矛盾,积极构建和谐融洽的社会关系。在海内外同胞关系上,要重视发挥海内外同胞的作用,凝聚海内外同胞的力量,共同推动中华民族伟大复兴。

几千年来,中华民族无论处于顺境还是逆境,中华儿女无论身在海内还是海外,都把天下为公、天下大同作为孜孜以求的理想。要实现这一理想,实现中华民族伟大复兴,就必须充分发挥统一战线这一重要法宝的作用,广泛凝聚全民族的智慧和力量,形成海内外中华儿女万众一心、共襄民族复兴伟业的生动局面。

第二节　推进中国式现代化

中国式现代化是全体人民共同富裕的现代化。要实现天下为公,必须坚持走共同富裕的中国式现代化道路。新时代新征程,我们要不断夯实共同富裕的物质基础,坚持新发展理念,实现全体人民共同富裕。

第四章
新时代新征程继续践行天下为公

一、不断夯实共同富裕的物质技术基础

(一)坚持以推动高质量发展为主题

经过改革开放40余年的发展积累,我国已经成为世界第二大经济体,人民生活水平明显改善,国际地位和国际影响力显著提高。但是,我们也要看到,我国仍然是发展中国家,仍处于并将长期处于社会主义初级阶段,发展不平衡不充分问题仍然突出,发展仍然是我们党执政兴国的第一要务。习近平总书记指出:"当前,我国社会主要矛盾已经转化为人民日益增长的美好生活需要和不平衡不充分的发展之间的矛盾,发展中的矛盾和问题集中体现在发展质量上。这就要求我们必须把发展质量问题摆在更为突出的位置,着力提升发展质量和效益。"[1]习近平总书记的这一重要论述指明了我国经济社会发展的关键,为高质量发展提供了科学指引。

社会主要矛盾的变化是关系全局的历史性变化,对党和国家工作提出了许多新要求。当前,我国经济发展已经进入新常态,经济已经从高速增长阶段转变为高质量发展阶段,经济发展从要素驱动转变为创新驱动。同时,当今世界正经历百年未有之大变局,经济全球化、政治多极化、文化多样化、社会信息化加速推进,这些都对我国经济发展提出了新的要求。我们正处于全面建设社会主义现代化国家、以中国式现代化全面推进中华民族伟大复兴的关键时期,要坚持以经济建设为中心,推动高质量发展,为实现天下为公奠定

---

[1] 习近平:《关于〈中共中央关于制定国民经济和社会发展第十四个五年规划和二〇三五年远景目标的建议〉的说明》,《人民日报》2020年11月4日第2版。

坚实的物质技术基础。

高质量发展就是要把握"质"和"量"的统一，不仅注重量的合理增长，而且强调质的有效提升，二者相辅相成、相互作用、缺一不可。高质量发展不仅仅是对于经济方面的要求，更关系社会主义现代化建设全局。推动高质量发展是遵循经济发展规律、保持经济持续健康发展的必然要求，是适应我国社会主要矛盾变化、解决发展不平衡不充分问题的必然要求，是有效防范化解各种重大风险挑战、以中国式现代化全面推进中华民族伟大复兴的必然要求。

（二）加快构建新发展格局

党的十九届五中全会提出，加快构建以国内大循环为主体、国内国际双循环相互促进的新发展格局。这是以习近平同志为核心的党中央在科学分析我国经济发展形势和正确把握经济发展规律的基础上作出的战略部署，是推动我国经济持续健康发展的重大决策。当前，世界百年未有之大变局加速演进，国际局势变幻莫测，逆全球化思潮抬头，贸易保护主义、单边主义等明显上升，全球发展的不确定性更加凸显，我国经济发展面临更多风险和挑战。习近平总书记在党的二十大报告中指出："我国发展进入战略机遇和风险挑战并存、不确定难预料因素增多的时期，各种'黑天鹅'、'灰犀牛'事件随时可能发生。"因此，必须加快构建新发展格局，科学应对错综复杂的国际环境带来的新矛盾新挑战，推动我国经济社会持续健康发展。

近些年来，由于国际形势的变化，外部环境充满不稳定性不确定性，传统国际循环明显弱化。这就要求我们必须把发展的立足点放在国内，不断增强国内大循环的内生动力和可靠性，掌握发展的主动权。我国是世界第二大经济体，拥有14亿多人口，这些都为国内大循环提供了巨大的消费市场和投资潜力，也是推动我国经济社会发展的巨大动力。此外，我国拥有全球最完整和规模最大的工业体系，这使增强国内大循环的内生动力和可靠性成为可能。我们必须牢牢把握扩大内需这一战略基点，增强消费对经济发展的基础性作用，深化供给侧结构性改革，推动供给和需求形成更高水平动态平衡。

我们要构建的新发展格局是开放的而不是封闭的。把经济发展的立足点放在国内，并不意味着与国际社会相脱离，而是要更好地利用国内国际两个市场、两种资源，不断提升国际循环的质量和水平。当今世界是一个紧密联系的整体，任何一个国家的发展都离不开与其他国家的紧密合作。新时代新征程，要坚持对外开放的基本国策，积极参与国际竞争，不断拓展对外开放的广度和深度，使国内市场和国际市场更好联通，形成国内国际双循环的良性互动，更好统筹国内循环和国际循环。要坚定不移推进"一带一路"建设，加强与国际社会的合作，不断扩大共同利益，构建广泛的利益共同体。

二、坚持新发展理念

（一）科学把握新发展理念的内涵

要实现高质量发展，必须以科学的发展理念为指引。习近平

读懂天下为公

总书记指出:"理念是行动的先导,一定的发展实践都是由一定的发展理念来引领的。发展理念是否对头,从根本上决定着发展成效乃至成败。实践告诉我们,发展是一个不断变化的进程,发展环境不会一成不变,发展条件不会一成不变,发展理念自然也不会一成不变。"[1] 中国特色社会主义进入新时代,我国经济社会发展进入新常态,发展的要素、方式等都发生了深刻变化。面对新形势新情况,如何适应、把握和引领经济发展新常态,以什么样的发展理念来指导新时代的发展,这是一个事关全局的重大问题。2015 年 10 月,在党的十八届五中全会上,习近平总书记明确提出并系统论述了创新、协调、绿色、开放、共享的新发展理念,强调:"坚持创新发展、协调发展、绿色发展、开放发展、共享发展,是关系我国发展全局的一场深刻变革。"[2] 新发展理念的提出,标志着我们党对经济社会发展规律的认识达到了一个新高度,丰富和发展了马克思主义政治经济学关于经济发展原则的理论,为全党在发展问题上提供了管全局管根本管方向管长远的指导理论和实践指南。

新发展理念并不是"飞来峰",而是在科学总结国内外发展经验和准确分析国内外发展形势的基础上形成的,是针对我国经济社会发展中所面临的突出矛盾和问题提出来的,是我国经济社会发展理论逻辑、历史逻辑和现实逻辑辩证统一的结果。当今,国际格局加

---

[1] 习近平:《把握新发展阶段,贯彻新发展理念,构建新发展格局》,《求是》2021 年第 9 期。

[2] 习近平:《在党的十八届五中全会第二次全体会议上的讲话(节选)》,《求是》2016 年第 1 期。

第四章
新时代新征程继续践行天下为公

速调整，全球发展面临更多的不确定性。此外，国内形势也发生了深刻变化。改革开放以来，我国经济快速发展，人民生活水平显著提高，国际地位不断提升；但同时依然面临着发展的质量和效益还有待提高、发展的平衡性和可持续性还有待提升、发展的动力还有待转换等突出矛盾和问题。面对国内外形势变化，我们必须转变发展理念、更新发展思路、调整发展方向。新发展理念回答了我国要实现什么样的发展、怎样实现发展这一重大问题，是推动我国经济社会发展的基本遵循。正如习近平总书记所指出的："新发展理念是一个系统的理论体系，回答了关于发展的目的、动力、方式、路径等一系列理论和实践问题，阐明了我们党关于发展的政治立场、价值导向、发展模式、发展道路等重大政治问题。"[1]

新发展理念是一个相互依存、相互促进的统一体，具有丰富的内涵。创新是引领发展的第一动力，创新发展注重的是解决发展动力问题。发展动力关系发展的质量和效能，如果发展动力出现问题，那发展就无从谈起。习近平总书记将创新比喻为推动经济社会发展的"牛鼻子"，高度重视创新、着力推进创新。协调是持续健康发展的内在要求，协调发展注重的是解决发展不平衡问题。发展不平衡不充分的问题，是满足人民日益增长的美好生活需要的主要制约因素，主要体现在区域发展、城乡发展、物质文明和精神文明发展等方面。如果发展不平衡不充分的一些突出问题得不到解决，将直接影响发展的质量和效能。绿色是永续发展的必要条件和人民美好生

---

[1] 习近平：《把握新发展阶段，贯彻新发展理念，构建新发展格局》，《求是》2021年第9期。

活追求的重要体现，绿色发展注重的是解决人与自然和谐问题。只有实现人与自然的良性互动，才能真正解决经济社会发展同环境保护之间的矛盾，才能真正做到可持续发展。开放是国家繁荣发展的必由之路，开放发展注重的是解决发展内外联动问题。历史反复证明，要发展，就必须顺应人类发展大势和时代潮流，以更加开放包容的姿态拥抱世界。只有开放的中国，才会成为现代化的中国。共享是中国特色社会主义的本质要求，共享发展注重的是解决社会公平正义问题。党的宗旨是全心全意为人民服务，让广大人民群众共享改革发展成果，是社会主义制度优越性的集中体现。只有坚持共享发展，才能真正激发广大人民群众推动发展的热情，充分调动人民的积极性、主动性和创造性，让人民参与到社会主义现代化建设的实践中去。

（二）完整准确全面贯彻新发展理念

当前，中国已经开启全面建设社会主义现代化国家新征程。新征程上，要成功应对来自国内外的各种风险和挑战，解决一系列制约高质量发展的深层次问题，就必须完整准确全面贯彻新发展理念。完整准确全面贯彻新发展理念，是适应当前和今后一个时期我国发展阶段和环境变化，战胜我国发展环境深刻复杂变化带来的各种困难、矛盾和挑战，构建新发展格局、实现高质量发展的必然要求。贯彻新发展理念是新时代我国发展壮大的必由之路，也是实现天下为公的必由之路。

要贯彻新发展理念，就必须增强贯彻新发展理念的思想自觉和

第四章
新时代新征程继续践行天下为公

行动自觉,把新发展理念贯彻到经济社会发展全过程和各领域。要不断提高贯彻新发展理念的能力和水平,推动新发展理念更好得到落实,更快取得实效。

要深入贯彻创新发展理念。创新是引领发展的第一动力。要深入实施科教兴国战略、人才强国战略、创新驱动发展战略,将创新摆在国家发展全局的核心位置。要发挥社会主义制度集中力量办大事的优势,不断突破关键核心技术壁垒,实现高水平科技自立自强,将发展的主动权牢牢掌握在自己手中。要破除制约创新发展的体制机制障碍,不断推进理论创新、制度创新、科技创新、文化创新等各方面创新,让创新贯穿党和国家一切工作,让创新在全社会蔚然成风。

要深入贯彻协调发展理念。协调是推动发展的手段,同时是评价发展的标准。要统筹推进"五位一体"总体布局、协调推进"四个全面"战略布局,加强顶层设计和统筹谋划,不断提高推动高质量发展的系统性、整体性和协同性。要统筹区域协调发展、城乡协调发展、物质文明和精神文明协调发展、经济建设和国防建设融合发展,处理好局部和全局、当前和长远、重点和非重点的关系。要深入实施乡村振兴战略,积极推进供给侧结构性改革,推动资源合理配置。

要深入贯彻绿色发展理念。生态环境保护和经济发展是辩证统一、相辅相成的。要正确认识和处理人与自然的关系,坚持绿水青山就是金山银山,树立尊重自然、顺应自然、保护自然的生态文明新理念。要坚持走生产发展、生活富裕、生态良好的文明发展道路,建设资源节约型、环境友好型社会，推动经济社会发展绿色化、低碳化，为全面建设社会主义现代化国家奠定良好的生态环境基础。

要深入贯彻开放发展理念。开放是人类文明进步的重要动力，是世界繁荣发展的必由之路。要坚持对外开放的基本国策，坚定奉行互利共赢的开放战略，积极同世界各国开展交流合作，不断提高开放水平，坚持"引进来"和"走出去"相结合，充分利用好两个市场、两种资源，建设开放型经济，加快构建更大范围、更宽领域、更深层次的对外开放格局。同时，要正确处理自立自强和对外开放的关系，把发展进步的命运牢牢掌握在自己手中。

要深入贯彻共享发展理念。要坚持全民共享、全面共享、共建共享、渐进共享，着力做好教育、医疗、住房、就业、养老等关系国计民生的工作，提高人民生活水平，改善人民生活品质，保障人民合法权益。要不断增进民生福祉，促进社会公平正义，满足人民对美好生活的向往，让改革发展成果更多更公平惠及全体人民，增强人民群众的获得感、幸福感和安全感。

三、扎实推进全体人民共同富裕

习近平总书记在党的二十大报告中指出："中国式现代化是全体人民共同富裕的现代化。共同富裕是中国特色社会主义的本质要求，也是一个长期的历史过程。我们坚持把实现人民对美好生活的向往作为现代化建设的出发点和落脚点，着力维护和促进社会公平正义，着力促进全体人民共同富裕，坚决防止两极分化。"习近平总书记的

第四章
新时代新征程继续践行天下为公

重要论述深刻阐明了共同富裕的本质要求与鲜明指向,彰显出中国式现代化的显著优势。

共同富裕是马克思主义的价值目标,是社会主义的本质要求,是中国共产党矢志不渝的奋斗目标。新中国成立之初,毛泽东就指出:"现在我们实行这么一种制度,这么一种计划,是可以一年一年走向更富更强的,一年一年可以看到更富、更强些。而这个富,是共同的富,这个强,是共同的强,大家都有份,包括地主阶级。"[1]改革开放后,邓小平从社会主义本质的高度把握共同富裕,指出:"社会主义最大的优越性就是共同富裕,这是体现社会主义本质的一个东西。"[2]"社会主义的本质,是解放生产力,发展生产力,消灭剥削,消除两极分化,最终达到共同富裕。"[3]党的十八大以来,习近平总书记把扎实推进共同富裕摆在更加突出位置,强调:"共同富裕是社会主义的本质要求,是人民群众的共同期盼。我们推动经济社会发展,归根结底是要实现全体人民共同富裕。"[4]习近平总书记还指出,我们正在向第二个百年奋斗目标迈进,适应我国社会主要矛盾的变化,更好满足人民日益增长的美好生活需要,必须把促进全体人民共同富裕作为为人民谋幸福的着力点,不断夯实党长期执

---

[1]《建国以来重要文献选编》第7册,中央文献出版社2011年版,第292页。
[2]《邓小平文选》第3卷,人民出版社1993年版,第364页。
[3]《邓小平文选》第3卷,人民出版社1993年版,第373页。
[4] 习近平:《关于〈中共中央关于制定国民经济和社会发展第十四个五年规划和二〇三五年远景目标的建议〉的说明》,《人民日报》2020年11月4日第2版。

政基础。① 党的百余年发展史,其实就是一部党为实现全体人民共同富裕的奋斗史。

科学理解共同富裕的内涵,需要从两方面来正确把握。一是从主体层面的"共同"来把握,即共同富裕是全体人民的富裕,不是少数人的富裕。二是从内容层面的"富裕"来把握,即共同富裕不仅仅是物质生活的富裕,同时是精神生活的富裕。需要明确的是,共同富裕不是同时富裕、同步富裕、同等富裕,更不是搞平均主义,共同富裕是有先后的富裕、有差别的富裕。实现共同富裕是一个长期的历史过程。我们要清醒地认识到实现共同富裕的长期性、艰巨性、复杂性,坚持以经济建设为中心,坚持和完善按劳分配为主体、多种分配方式并存的分配方式,处理好效率与公平的关系。新时代新征程,要把促进全体人民共同富裕摆在更加突出位置,在推进高质量发展中推动共同富裕取得更为明显的实质性进展。

第三节　推动构建人类命运共同体

马克思、恩格斯指出:"各民族的原始封闭状态由于日益完善的生产方式、交往以及因交往而自然形成的不同民族之间的分工消灭

---

① 《在高质量发展中促进共同富裕　统筹做好重大金融风险防范化解工作》,《人民日报》2021 年 8 月 18 日第 1 版。

第四章
新时代新征程继续践行天下为公

得越是彻底，历史也就越是成为世界历史。"① 当前，人类交往的世界性比过去任何时候都更加深入、更加广泛，各国之间的联系也比过去任何时候都更加频繁、更加紧密。习近平主席在联合国日内瓦总部发表演讲指出："当今世界充满不确定性，人们对未来既寄予期待又感到困惑。世界怎么了、我们怎么办？这是整个世界都在思考的问题，也是我一直在思考的问题。"② 对此，中国方案是：构建人类命运共同体，实现共赢共享。要实现天下为公，必须坚定不移推动构建人类命运共同体，这是世界发展的历史必然。

一、坚持走和平发展道路

（一）坚持走和平发展道路的必要性

一个国家坚持什么样的发展道路，是由这个国家的历史传统、社会制度、发展条件、外部环境等诸多因素决定的。2014年，习近平主席在德国柏林发表演讲指出："走和平发展道路，是中国对国际社会关注中国发展走向的回应，更是中国人民对实现自身发展目标的自信和自觉。这种自信和自觉，来源于中华文明的深厚渊源，来源于对实现中国发展目标条件的认知，来源于对世界发展大势的把握。"③ 这深刻表明，中国始终是世界和平的建设者、全球发展的贡献者、国际秩序的维护者。

---

① 《马克思恩格斯选集》第1卷，人民出版社2012年版，第168页。
② 习近平：《共同构建人类命运共同体》，《人民日报》2017年1月20日第2版。
③ 习近平：《在德国科尔伯基金会的演讲》，《人民日报》2014年3月30日第2版。

读懂天下为公

"以和为贵"是中华民族几千年来所奉行的价值理念,已经深深熔铸于中华民族的血液之中,成为中华优秀传统文化独特的精神标识。近代以后,中华民族饱受战争的创伤和痛苦,遭受了沉重的苦难,这使中华民族深谙战争的残酷,也更加珍惜来之不易的和平。讲信修睦、协和万邦是中华民族的文化基因,中华民族始终秉承天下一家的理念同世界各国交往,向世界播撒和平与友谊的种子。以美国为首的一些西方国家所谓的"中国威胁论"是无稽之谈,中华民族的血液中没有侵略他人、称王称霸的基因。走和平发展道路,是对中华优秀传统文化的继承和发展,是爱好和平的文化基因的彰显。

实现中华民族伟大复兴是近代以来中华民族最伟大的梦想,也是中国共产党矢志不渝的奋斗目标。中国共产党团结带领全国各族人民,创造性地完成从新民主主义到社会主义的转变,全面确立社会主义基本制度,将中华民族复兴伟业引上社会主义的历史征程。但仍要看到的是,当前我国仍处于并将长期处于社会主义初级阶段的基本国情没有变,我国仍是世界上最大的发展中国家的国际地位没有变,发展仍是解决我国一切问题的基础和关键。要实现中华民族伟大复兴,离不开发展;要实现发展,就离不开一个良好的国际环境;而良好的国际环境,只有通过走和平发展道路才能赢得。走和平发展道路,是对中国国情的科学认知和准确把握。

"世界潮流,浩浩荡荡,顺之则昌,逆之则亡。"要想赢得历史主动,就必须走在时代前列,必须顺应时代潮流。当今世界,霸权主义、殖民主义的老路已经走不通了,零和博弈、冷战思维注定要

第四章
新时代新征程继续践行天下为公

被历史淘汰。正如习近平主席在德国柏林所指出的："什么是当今世界的潮流？答案只有一个，那就是和平、发展、合作、共赢。中国不认同'国强必霸'的陈旧逻辑。当今世界，殖民主义、霸权主义的老路还能走得通吗？答案是否定的。不仅走不通，而且一定会碰得头破血流。只有和平发展道路可以走得通。"①走和平发展道路，是顺应世界发展潮流，把握时代发展大势的必然结果。

走和平发展道路意味着不能以牺牲别国利益来实现自身的发展，同样意味着不会牺牲自身的核心利益。坚持走和平发展道路，是有原则、有底线的。要坚守维护好、发展好国家核心利益这一根本底线，任何时候都不能逾越。习近平总书记强调："任何外国不要指望我们会拿自己的核心利益做交易，不要指望我们会吞下损害我国主权、安全、发展利益的苦果。"②中国永远不称霸、不搞扩张、不谋求势力范围，但也绝不会向霸权主义低头，损害自身的核心利益。

（二）积极发展全球伙伴关系

构建人类命运共同体，走和平发展道路，要积极发展全球伙伴关系。当今世界，各国相互联系、相互依存的程度空前加深，越来越成为你中有我、我中有你的命运共同体。党的十八大以来，我国坚持以推动构建人类命运共同体为引领，致力于全面发展同世界各国友好合作，积极发展全球伙伴关系，扩大同各国的利益交汇点。

---

① 习近平：《在德国科尔伯基金会的演讲》，《人民日报》2014年3月30日第2版。
② 习近平：《在庆祝中国共产党成立95周年大会上的讲话》，《人民日报》2016年7月2日第2版。

读懂天下为公

通过构建全球伙伴关系网络,中国的朋友圈越来越大、好伙伴越来越多。无论是推动共建"一带一路"、设立丝路基金,还是倡议成立亚洲基础设施投资银行,都充分体现了我们始终坚持互利共赢,以开放包容的姿态与世界各国共享机遇、共谋发展。

积极发展全球伙伴关系,要以周边和大国为重点,以发展中国家为基础,以多边为舞台,以深化务实合作、加强政治互信、夯实社会基础、完善机制建设为渠道,全面发展同各国友好合作,不断完善我国全方位、多层次、立体化的外交布局。大国关系事关全球战略稳定,要积极构建总体稳定、均衡发展的大国关系。中美关系对于世界和平与发展起着至关重要的作用。我们要在维护国家主权安全发展利益的基础上,本着相互尊重、互利共赢的原则,推动中美关系稳定发展。俄罗斯是我国的重要友邻,要巩固和发展好中俄全面战略协作伙伴关系。欧洲是世界格局中的重要力量,中欧要共同打造和平、增长、改革、文明四大伙伴关系。坚持亲诚惠容理念和与邻为善、以邻为伴周边外交方针,深化同周边国家友好互信和利益融合。秉持正确义利观,加强同发展中国家团结合作,维护发展中国家共同利益,推动同发展中国家友好合作关系迈上新台阶。

发展全球伙伴关系,需要明确两方面内容。一是我们所要发展的伙伴关系是不分国家大小、强弱、贫富,一律平等的伙伴关系。在和平共处五项原则的基础上,同所有国家开展友好合作,与世界各国共同发展、共同进步,实现天下为公。二是发展全球伙伴关系要坚持对话不对抗、结伴不结盟原则。习近平总书记指出,要在坚

第四章
新时代新征程继续践行天下为公

持不结盟原则的前提下广交朋友,形成遍布全球的伙伴关系网络。①结伴不结盟是我们奉行的国际交往原则。我们发展全球伙伴关系的目的是扩大利益共同体,推动中国和世界各国的发展,更好维护世界的和平与稳定,而不是为了所谓的"结盟",搞所谓的"对立"。

二、推动不同文明之间的交流互鉴

(一)坚持和而不同,维护文明多样性

人类文明多样性是世界的基本特征。人类创造的各种文明都是劳动和智慧的结晶,都深深植根于本国本民族的土壤之中,为国家和民族的发展提供丰厚的精神滋养。如何对待文明多样性?这不仅是一个十分重要的理论问题,更是一个十分重要的实践问题。对这个问题的回答,直接关系到一个国家、一个民族以什么样的发展理念来推动发展,以什么样的指导思想来开展工作。习近平总书记强调:"要尊重世界文明多样性,以文明交流超越文明隔阂、文明互鉴超越文明冲突、文明共存超越文明优越。"② 推动文明繁荣发展,需要和而不同的精神,需要不同文明之间的相互尊重、相互借鉴。只有不同文明之间和谐共处,人类文明才能繁荣发展。尊重文明多样性,是中华民族深厚的文化基因,也是马克思主义文明观的基本要求。

中华民族是一个兼容并蓄、海纳百川的民族。在五千多年的历

---

① 《中央外事工作会议在京举行》,《人民日报》2014年11月30日第1版。
② 习近平:《决胜全面建成小康社会 夺取新时代中国特色社会主义伟大胜利》,《人民日报》2017年10月28日第1版。

读懂天下为公

史发展中,中华民族始终坚持与不同文明交流互鉴,取长补短,推动中华文明绵延不绝、历久弥新。无论是汉朝开辟的丝绸之路,还是唐朝的遣唐使,抑或是明朝的郑和下西洋,都是中华民族历史上开展中外文明交流互鉴的典范。2014年,习近平主席在联合国教科文组织总部发表演讲时指出:"文明是平等的,人类文明因平等才有交流互鉴的前提。各种人类文明在价值上是平等的,都各有千秋,也各有不足。世界上不存在十全十美的文明,也不存在一无是处的文明,文明没有高低、优劣之分。"[1] 不同国家、不同民族的文明都是人类文明的重要组成部分。我们要尊重文明多样性,以包容的姿态平等对待所有文明,互学互鉴,推动人类文明在新的时代条件下实现新的发展。

经济基础决定上层建筑。文明作为上层建筑,是由一定的经济基础所决定的。不同文明产生的根源,正是由于各个国家和地区的生产力发展水平、发展方式不同。随着生产力的发展,民族历史将发展为世界历史,不同文明之间的交往也将愈加频繁。马克思、恩格斯指出:"过去那种地方的和民族的自给自足和闭关自守状态,被各民族的各方面的相互往来和各方面的相互依赖所代替了。物质的生产是如此,精神的生产也是如此。各民族的精神产品成了公共的财产。民族的片面性和局限性日益成为不可能,于是由许多种民族的和地方的文学形成了一种世界的文学。"[2] 这一论述科学地揭示了人

---

[1] 习近平:《在联合国教科文组织总部的演讲》,《人民日报》2014年3月28日第3版。

[2]《马克思恩格斯选集》第1卷,人民出版社2012年版,第404页。

类文明的发展规律,为推动不同文明之间的交流互鉴指明了方向。

当今世界正经历百年未有之大变局,国际格局加速演变,不同文明之间的交流互鉴越发紧密,日益频繁,推动人类文明发展不断进步。但要看到的是,文化霸权主义也随着冷战思维、霸权主义、强权政治的抬头有所发展。习近平总书记指出:"人类文明多样性是世界的基本特征,也是人类进步的源泉。世界上有200多个国家和地区、2500多个民族、多种宗教。不同历史和国情,不同民族和习俗,孕育了不同文明,使世界更加丰富多彩。文明没有高下、优劣之分,只有特色、地域之别。文明差异不应该成为世界冲突的根源,而应该成为人类文明进步的动力。"[1]他还强调:"尽管文明冲突、文明优越等论调不时沉渣泛起,但文明多样性是人类进步的不竭动力,不同文明交流互鉴是各国人民共同愿望。"[2]世界文明多样性是人类社会发展的基本特征,也是人类社会发展的客观规律。要以文明交流超越文明隔阂,文明互鉴超越文明冲突,文明共存超越文明优越。总之,要坚持和而不同,共同维护世界文明多样性。

(二)坚持交流互鉴,推动文明共同发展

文明具有多样性,就如同自然界物种的多样性一样,一同构成我们这个星球的生命本源。文明的多样性为人类文明的交流互鉴、共同发展提供了前提和基础。习近平主席指出:"文明因交流而多

---

[1] 习近平:《共同构建人类命运共同体》,《人民日报》2017年1月20日第2版。
[2] 习近平:《弘扬"上海精神" 构建命运共同体》,《人民日报》2018年6月11日第3版。

彩,文明因互鉴而丰富。文明交流互鉴,是推动人类文明进步和世界和平发展的重要动力。推动文明交流互鉴,需要秉持正确的态度和原则。"① 世界上没有十全十美的文明,都是在与不同文明的交流互鉴中不断丰富和发展的。

西方"文明优越论"认为,西方文明是世界上最优秀的文明,代表人类文明发展的方向,应该用西方文明统一全球文明。这种"文明优越论"看不到世界文明的多样性和平等性,看不到各种文明所具有的独特的价值意蕴和精神特质。无论哪一个国家和民族的文明,都是人类劳动与智慧的结晶,都是人类文明的瑰宝。"文明优越论"只会激化不同文明之间的冲突和矛盾,加深彼此的误解与敌意。文明差异不应该成为世界冲突的根源,而应该成为人类文明进步的动力。一花独放不是春,百花齐放春满园。要秉持开放包容的姿态与不同国家和地区的文明开展平等交流,尊重文明多样性,推动不同文明和平共处、和谐共生。

2023 年 3 月 15 日,习近平总书记在中国共产党与世界政党高层对话会上提出全球文明倡议。全球文明倡议是在深刻把握世界文明发展规律、科学分析现代文明发展大势的基础上提出的文明发展理念,其主要内涵包括以下四方面。一是共同倡导尊重世界文明多样性,坚持文明平等、互鉴、对话与包容,以文明交流超越文明隔阂、文明互鉴超越文明冲突、文明包容超越文明优越。二是共同倡导弘扬和平、发展、公平、正义、民主、自由的全人类共同价值,

---

① 习近平:《在联合国教科文组织总部的演讲》,《人民日报》2014 年 3 月 28 日第 3 版。

第四章
新时代新征程继续践行天下为公

以宽广胸怀理解不同文明对价值内涵的认识,不将自己的价值观和模式强加于人,不搞意识形态对抗。三是共同倡导重视文明传承和创新,充分挖掘各国历史文化的时代价值,推动各国优秀传统文化在现代化进程中实现创造性转化、创新性发展。四是共同倡导加强国际人文交流合作,探讨构建全球文明对话合作网络,丰富交流内容,拓展合作渠道,促进各国人民相知相亲,共同推动人类文明发展进步。全球文明倡议指明了人类文明的发展方向。我们应该推动不同文明相互尊重、和谐共处,让文明交流互鉴成为增进各国人民友谊的桥梁、推动人类社会进步的动力、维护世界和平的纽带,共建"各美其美、美美与共"的世界文明百花园。

三、推动构建新型国际关系和国际秩序

(一)构建新型国际关系

当前,和平与发展仍是时代主题,和平、发展、合作、共赢的时代潮流更加强劲。因此,必须推动构建以合作共赢为核心的新型国际关系。在当今时代背景下,国与国之间的交往日益频繁,合作日益密切。面对全人类共同问题,没有哪一个国家能够独善其身。党的二十大报告指出:"中国坚持在和平共处五项原则基础上同各国发展友好合作,推动构建新型国际关系,深化拓展平等、开放、合作的全球伙伴关系,致力于扩大同各国利益的汇合点。"

新型国际关系具有丰富而深刻的内涵。构建新型国际关系,是新时代做好外交工作的基本目标。提出构建新型国际关系就是要秉

读懂天下为公

持相互尊重、公平正义、合作共赢原则,走出一条对话而不对抗、结伴而不结盟的国与国交往新路。相互尊重是构建新型国际关系的基本前提。无论国家大小、强弱、贫富,都应尊重每个国家的主权和领土完整,尊重各国人民自主选择的发展道路和社会制度,反对干涉别国内政,反对搞双重标准。公平正义是构建新型国际关系的价值准则。要坚持正确的义利观,反对霸权主义、强权政治,公平合理解决国际争端和问题。合作共赢是构建新型国际关系的目标追求。要反对零和博弈,通过合作实现共同发展,通过互惠实现共赢,让所有国家特别是广大发展中国家共享发展机遇、共享发展成果。提出构建新型国际关系,是对西方主导的以霸权主义和强权政治为突出特点的旧有国际关系的突破,是在深刻把握时代发展大势的基础上对人类社会发展规律的科学把握,体现了时代发展的要求,反映了全人类的普遍愿望和共同心声。

中国的发展离不开世界,世界的繁荣稳定同样离不开中国。推动构建新型国际关系,要深化同世界各国的交流合作,将自身利益与世界各国共同利益结合起来,通过扩大共同利益来消除矛盾和分歧。习近平总书记指出:"我们愿同各国政党和政治组织深化交往,不断扩大理念契合点、利益汇合点,以建立新型政党关系助力构建新型国际关系,以夯实完善全球政党伙伴关系助力深化拓展全球伙伴关系。"[1] 新时代新征程,要在坚持和平共处五项原则的基础上同所有国家开展友好合作,不断深化政治互信、经济互利、文明互鉴,共同推动构建新型国际关系。

---

[1] 习近平:《携手同行现代化之路》,《人民日报》2023年3月16日第2版。

第四章
新时代新征程继续践行天下为公

（二）构建国际新秩序

当前，世界百年未有之大变局加速演进，国际环境日趋复杂，不稳定性不确定性明显增加。同时，西方主导的以霸权主义和强权政治为主要特征的国际旧秩序已经不符合时代发展的潮流，不能适应不断变化的国际形势，严重阻碍世界的和平与发展，成为世界经济发展和社会进步的绊脚石。面对世界经济复苏乏力、局部冲突和动荡频发、全球性问题加剧、世界经济政治格局加速演变的复杂形势，世界各国人民普遍要求推动国际秩序变革，构建国际新秩序。

要构建什么样的国际新秩序？如何构建国际新秩序？这是关系人类发展全局的时代课题。2023年，习近平主席在俄罗斯媒体发表署名文章，指出："世界上不存在高人一等的国家，不存在放之四海而皆准的国家治理模式，不存在由某个国家说了算的国际秩序。"[1]中国秉持共商共建共享的全球治理观，倡导国际关系民主化，坚持国家不分大小、强弱、贫富一律平等，支持联合国发挥积极作用，支持扩大发展中国家在国际事务中的代表权和发言权。中国将继续发挥负责任大国作用，积极参与全球治理体系改革和建设，不断贡献中国智慧和力量。

世界的命运必须由各国人民共同掌握。习近平主席在博鳌亚洲论坛2022年年会开幕式上指出："世界各国乘坐在一条命运与共的大船上，要穿越惊涛骇浪、驶向光明未来，必须同舟共济，企图把

---

[1] 《踔厉前行，开启中俄友好合作、共同发展新篇章》，《人民日报》2023年3月20日第1版。

读懂天下为公

谁扔下大海都是不可接受的。"[①] 要破解治理赤字、信任赤字、和平赤字、发展赤字这些全人类面临的共同难题,必须构建国际新秩序,维护国际社会的公平正义,让不同国家和民族的人民在国际新秩序中感受到公平和正义,凝聚全球共识,汇聚全球力量。一些西方国家将它们的发展思想、治理方式自诩为人类发展的价值顶峰,企图将自己的选择称为"全人类的选择"。对此,习近平总书记指出:"什么样的国际秩序和全球治理体系对世界好、对世界各国人民好,要由各国人民商量,不能由一家说了算,不能由少数人说了算。"[②] 我们始终坚持构建国际新秩序,推动国际秩序朝着更加符合历史发展潮流、更加公正合理的方向发展,这是全人类的共同利益所在,也是各国人民的共同心愿。

[①] 习近平:《携手迎接挑战,合作开创未来》,《人民日报》2022年4月22日第2版。

[②] 习近平:《在庆祝中国共产党成立95周年大会上的讲话》,《人民日报》2016年7月2日第2版。

后 记

天下为公是贯穿中国历史长河的社会理想，中国历朝历代的思想家从不同取径前仆后继地探索实现天下为公的大同社会，但只有在马克思主义传入中国、中国共产党成立后，中国人民才越来越接近这一社会图景。可以说，在中国共产党领导人民推进革命、建设、改革的百余年征程中，探索实现天下为公的奋斗历程贯穿始终。在党的十九大报告最后一段，习近平总书记援引《礼记》中的"大道之行，天下为公"，号召全党为实现推进现代化建设、完成祖国统一、维护世界和平与促进共同发展三大历史任务，为决胜全面建成小康社会、夺取新时代中国特色社会主义伟大胜利、实现中华民族伟大复兴的中国梦、实现人民对美好生活的向往继续奋斗。在党的二十大报告中，习近平总书记再次提到"天下为公"，指出中华优秀传统文化中蕴含的天下为公、民为邦本、为政以德、革故鼎新、任人唯贤、天人合一、自强不息、厚德载物、讲信修睦、亲仁善邻等，是中国人民在长期生产生活中积累的宇宙观、天下观、社会观、道德观的重要体现，同科学社会主义价值观主张具有高度契合性。新时代以来，中国共产党坚持把马克思主义基本原理同中国具体实际

读懂天下为公

相结合、同中华优秀传统文化相结合,领导人民胜利完成脱贫攻坚、全面建成小康社会的历史任务,扎实推进共同富裕,不断满足人民对美好生活的向往,成功推进和拓展了中国式现代化。天下为公、天下大同的社会理想,正在党领导人民团结奋斗的实践中不断变成现实。

　　本书在写作过程中,笔者指导的博士研究生做了较多协助工作。本书第一至四章分别由吴晓、马丽、胡珊、王伟协助进行初稿撰写和修改,吴晓、冷玉威、吴一杭、覃罗璇、李懿宸在协助统稿和修改清样方面给予许多帮助,感谢他们的辛勤付出。本书的出版,得到了中山大学马克思主义学院副院长张浩,人民日报出版社领导与编辑的大力支持,在此表示谢意。本书参考、引用了学界诸多研究成果,在此谨向这些研究成果的作者表示衷心感谢。

　　本书在繁忙的教学和科研工作之余完成,书中难免有疏漏和不足之处,请各位专家、学者不吝赐教。

罗嗣亮

2024年10月